Coleção

Filosofia e Direito

Direção

Jordi Ferrer

José Juan Moreso

Adrian Sgarbi

HERMENÊUTICA
JURÍDICA RADICAL

Ari Marcelo Solon

HERMENÊUTICA JURÍDICA RADICAL

Marcial Pons

MADRI | BARCELONA | BUENOS AIRES | SÃO PAULO

Coleção
Filosofia e Direito

Direção
Jordi Ferrer
José Juan Moreso
Adrian Sgarbi

Hermenêutica jurídica radical
Ari Marcelo Solon

Capa
Nacho Pons

Preparação e Editoração eletrônica
Ida Gouveia / HBLYZ / Oficina das Letras®

CIP-Brasil. Catalogação na Publicação
Sindicato Nacional dos Editores de Livros, RJ

S614h
Solon, Ari Marcelo
Hermenêutica jurídica radical / Ari Marcelo Solon. - 1. ed. - São Paulo: Marcial Pons, 2017.
(Filosofia & Direito)
Inclui bibliografia
ISBN 978-85-66722-45-1

1. Direito e política. 2. Direito - Filosofia. I. Título. II. Série.

17-43943 CDU:340.12

Av. Brigadeiro Faria Lima, 1461, Torre Sul, 17/8 Jardim Paulistano
CEP 01452-002 São Paulo-SP
☎ +55 (11) 3192.3733 www.marcialpons.com.br

Impresso no Brasil

"Das Leben ist kurz und die Wahrheit wirkt ferner und lange: Sagen wir die Wahrheit."

Schopenhauer

SUMÁRIO

CAPÍTULO VI

INTRODUÇÃO

PEDRAS DE SUBIDA PARA UMA HERMENÊUTICA JURÍDICA RADICAL

Todo trabalho, todo empreendimento de força e energia, quando virtuoso, pode ser analisado a partir de sua causa, de seu incômodo, de seu desejo de imprimir mudança no mundo em que é proposto: nossa polêmica aqui é dirigida contra a sólida tradição da metodologia jurídica dominante, da hermenêutica (velada ou confessadamente) positivista, da hermenêutica jurídica tradicional. O que investigaremos e buscaremos oferecer, em contrapartida, é uma hermenêutica filosófica ao mesmo tempo empírica e sociológica,[1] preocupada não em criar pequenas regras contingentes de "aplicação do direito", mas, antes, em encontrar o princípio de uma hermenêutica radical, que, trazida para o campo jurídico, possa (des)nortear o intérprete do direito em sua busca necessária por justiça social.

Uma pesquisa que se propõe a pensar a hermenêutica, contudo, deve estar atenta ao fato de que o próprio termo, assim como as várias teorizações acerca de seu significado, da possibilidade de uma

1. Trata-se de esforço em conciliar as tradições entre as quais tem pendulado o pensamento jurídico alemão: "So ist die Kraft der deutscher Rechtswissenschaft in der dogmatischen Construction einerseits, in der historischen Institution andererseits gegeben". SOHM, Rudolph. "Von der Deutschen Rechtswissenschaft. Rede gehalten beim Antritt des Rectorats". *Der Rectorwechsel an der Kaiser Wilhelms Universität Strassburg*. Am I. Maio 1884. Strassburg, Maio 1884. p. 45.

ciência com esse objeto e mesmo das possíveis configurações de tal ciência restam distantes de se mostrarem unívocos. Não se trata aqui de adentrar cada um desses intermináveis debates, mas de elegermo-nos um caminho seguro que nos permita, seguindo-o criticamente, avistar e expor a hermenêutica filosófica perquirida.

Vale lembrar que a própria origem do termo "hermenêutica" é controvertida e, se é certo que provenha do verbo *hermeneuein* (lρμηνεύειν) – cuja plurivocidade é constatada nos seus possíveis significados de decifrar, interpretar, traduzir, dizer, expressar –, as suas origens e relações não podem ser de modo algum determinadas com segurança. Embora, como dito, não se possa fazer uma associação definitiva, Martin Heidegger (1889-1976) sugere uma profícua relação que deve servir aqui para darmos conta do sentido primevo dessa "arte" que temos em vista: trata-se da relação da hermenêutica com o deus grego Hermes. A palavra *hermeios* faria, pois, referência ao sacerdote do oráculo de Delfos.[2]

O nome "Delfos" vem da raiz *delphys* (δελφύς), que significa "útero, abrigo, proteção", trazendo a ideia materna, vez que este Templo, este Oráculo, era dedicado principalmente a Gaia, mãe Terra. Após Gaia, Têmis foi quem deteve o poder sobre o Oráculo de Delfos, seguida de Febe e Apolo/Febo.[3] Já neste arco evolutivo observa-se uma mudança no modo de se interpretar e de encarar profecias, conselhos, imagens e vivências quaisquer vindas deste Oráculo. Antes, havia uma deusa, Gaia, muito ligada à terra, a tudo que é básico e unido e a um elemento maternal que a tudo abrange em seu útero. O acesso às profecias em termos de falas e de discurso compreensível e inteligível não é existente no período de Gaia e das deusas femininas, sendo o templo um local mais relacionado ao culto e honra de deuses, um ambiente onde se entra para se comunicar sem se comunicar, em um nível para além do racional. Nessas épocas, no Oráculo residia a grande serpente Píton (do verbo πύθειν, apodrecer), criada por Gaia, um gigantesco monstro feito de elementos telúricos,

2. Palmer, Richard. *Hermenêutica*. Trad. Maria Luísa Ribeiro Ferreira. Lisboa: Ed. 70, 1969. p. 24.

3. Ésquilo. *Eumênides*. Estudo e tradução de Jaa Torrano. São Paulo: Iluminuras; Fapesp, 2004.

podendo ser compreendida como uma representação de todos estes fortes elementos inconscientes e para além do compreensível para o homem. Apolo a matará, sendo que o seu corpo, apodrecendo, liberará os gases, os quais uma vez inalados pelos sacerdotes do templo passam a oferecer profecias relativamente compreensíveis para os homens. E, assim, o templo que outrora também era conhecido como Oráculo de Píton, passa a ser Oráculo de Delfos.

Hermes será, também, tanto aquele que transmuta, traduz, conduz a linguagem sagrada para uma compreensão humana de forma palpável, racional, inteligível, enfim, comunicável entre homens, quanto o deus do Liminar, da zona limítrofe, sendo um ultrapassador de limites, um mediador entre sonho e realidade, entre dia e noite, entre o natural e sobrenatural, entre o mais celestial e o mais telúrico.[4] Além disso, sendo o deus da transmissão, representa também o ensinamento, a pedagogia, a oratória, bem como é o deus do comércio, dos ladrões, dos mentirosos – e, por saber defender de imediato sua causa diante da justa acusação de Apolo acerca do roubo de suas reses, será também deus dos patronos: no mesmo sentido do deus que lhe dá nome, em uma posição pendente entre o compreensível e o incompreensível, em uma perspectiva que possibilita tanto a comunicação quanto certa subversão de sentido, assim deverá ser entendida a hermenêutica, objeto de nossa investigação.

A posição da hermenêutica no *locus* do Limítrofe se reforça quando se atenta às raízes sânscritas do termo interpretar, que promana do latim *interpretare,* composto por radical que emana de *prath*: *"aumentar, aparecer, disseminar, surgir, ocorrer, lançar, desvelar"*. Interpretar, nestas pistas, significa *aquilo que ocorre/surge/aparece/desvela-se entre dois mundos, dois lugares, duas zonas, entre universos.* Não bastasse, aqui uma ligação ainda mais

4. "Rien en lui de fixe, de stable, de permanent, de circonscrit, ni de fermé. Il represente, dans l'espace et dans le monde humain, le mouvement, le passage, le changement d'état, les transitions, les contacts entre elements étrangers. A la maison, sa place est à la porte, protégeant le seuil, repoussante les voleurs parce qu'il est lui-même le Voleuer (Hermès *leistèr*, le Brigand, *pulédokos*, le Rôdeur de portes, *nuktos opôpètèr,* le Guetteur nocturne), celui pour qui n'existent ni serrure, ni enclose, ni frontier (...)", VERNANT, Jean-Pierre. "Hestia-Mermès: sur l'expression religieuse de l'espace et du movement chez les Grecs". *L'Homme*, t. 3, n. 3, p. 14, set.-dez. 1963.

próxima a comércio também, bem como a ladrões, pois o radical *prath-* pode advir do proto-indo-europeu *per-* significando *transitar, comerciar, vender*.

Uma investigação etimológica revela, nas raízes, a conexão da *hermenêutica* com o subversivo, o insurgente. Daí se falar, aqui, em uma hermenêutica *radical*, conectada as essas origens, decidida na escolha que ao intérprete reiteradamente se coloca entre dois *nomoi*, um oficial e outro revolucionário. A hermenêutica jurídica radical opta convictamente pelo *nomos* da justiça social e manifesta-se ciente das limitações metodológicas (tópicas) na luta pela sua própria utopia.

Tenta-se aqui, pois, explicitar as principais contribuições feitas para a consolidação do tipo de hermenêutica universal, revolucionária e progressista que se intenta alcançar, com o intuito de perscrutar as fronteiras já desbravadas para que assim se possa entrever os contornos daquilo que não pode ser visto imediata e claramente, mas que se acredita poder se intuir ao fim do percurso proposto na busca de uma interpretação consentânea à justiça social, que diverge, não raro, do sentido encontrado pelo tradicionalismo alheio tanto à nossa hermenêutica quanto ao deus Hermes e aos oráculos de Delfos. Em vez de acatar uma teoria da interpretação imutável, maquiada em diversas épocas como algo novo, pensamos que é chegado o momento de abandoná-la, ou mesmo de fomentar-lhe o desaparecimento. Esta modalidade de teoria da interpretação, ditadora de cânones e princípios hermenêuticos, não deve seduzir mais os juristas preocupados com a verdade e a justiça social; não é a hermenêutica tradicional, racionalista e dogmática a que devemos recorrer para sua consecução, mas à ciência do direito livre, sociológica e filosófica, que há de funcionar como um guia para uma hermenêutica radical.

Para se chegar até ela, deve o jurista se debruçar sobre a hermenêutica moderna advinda do romantismo de Schlegel, passando por Savigny, Heidegger, Gadamer e pela jovem Escola Jurídica de Viena. Emergirá, de uma análise adequada destes projetos, não uma ciência pura, mas uma arte jurídica que busca princípios práticos e que orienta o intérprete em seu confronto existencial com os objetos de interpretação, sejam eles um texto ou a vida. Não se despreza aqui, como não desprezaram Schleiermacher, Heidegger e Gadamer a busca pela tradição: contudo, procura-se levar adiante interpretação desta tradição, que há de se desvelar como aquela a levar em conta.[5] Trata--se de afirmar a tradição da Constituição de 1988, que vivenciamos, e a da Constituição de Weimar, no âmago da qual escreveram os autores com quem dialogamos – alguns deles, contudo, desdenhando das instituições de uma democracia social! Da mesma forma, aliamo-nos também à reabilitação da filosofia acima das ciências particulares. Quer-se, assim, uma perspectiva jurídica em que possa emergir uma hermenêutica radical, o que não significará nem que seu resultado, nem que o caminho até ele sejam de todo inéditos: tratando-se de uma pesquisa filosófica acerca de uma hermenêutica com atenção a seus desdobramentos no campo jurídico, descrever um caminho sem paralelo na vasta e culta tradição jurídica significaria invariavelmente já ter incorrido em erro – a falta de pegadas à nossa frente pontuaria a necessidade do retorno e o fracasso da expedição.

Basta, contudo, trazer à atenção a celebrada obra *Methodenlehr*[6] de Karl Larenz (1903-1993) para se ver que tal erro inicial foi, com certeza, evitado. A fisionomia de nosso trabalho, seu arcabouço e percurso aparecem ali, em grande parte, prenunciados: Larenz parte de Savigny, da jurisprudência dos conceitos, de Ehrlich, do Direito Livre, da Escola Vienense, da Fenomenologia e de Heidegger--Gadamer para concluir ser a dialética de Hegel a saída para o "impasse hermenêutico". Nós partimos dos românticos, bebemos também em Savigny e Ehrlich, seguimos igualmente pelas trilhas de Heidegger-Gadamer e pela Escola Vienense e passamos por fim pela fenomenologia para chegarmos ao píncaro com Hegel, apontando para

5. "Die geschichtliche Ansicht der Rechtswissenschaft wird völlig verkannt und entstellt, wenn sie häufig so aufgefasst wird, als werde in ihr die aus der Vergagenheit hervorgegangene Rechtsbildung als ein Höchstens aufgestellt, welchem die unveränderte Herrschaft über Gegenwart und Zukunft erhalten werden müsse. Vielmehr besteht das Wesen derselben in der gleichmässigen Anerkennung der Werthes derselben und der Selbstständigkeit jedes Zeitalters, und sie liegt nur darauf das höchste Gewicht, dass der lebendige Zusammenhang erkannt werde, welcher die Gegenwart an die Vergangenheit knüpft, und ohne dessesn Kenntnis wir von dem Rechtszustande der Gegenwart nur die äussere Erscheinung wahrnehmen, nicht das innere Wesen begreifen. SAVIGNY, Karl Friedrich von. *System des heutigen römischen Rechts.* Berlim: Veit Verlag, 1840. Bd. 1, p. XIV.

6. Bastará folhear o índice desta amplamente conhecida obra de Karl Larenz para constatar as semelhanças de percurso. LARENZ, Karl. *Methodenlehre der Rechtswissenschaft.* 3. Aufl. Berlin: Springer, 1975.

a justiça social.[7] Apenas nossos resultados é que são inversos: para Larenz, tudo culmina com *Hegel, defensor da propriedade privada*; para nós, tudo culmina com *Hegel, o filósofo da justiça como amor*. É trivial, logo se vê, partir da filosofia, mas é absolutamente revolucionário inverter todas as conclusões a que Larenz chegou, mesmo caminhando conforme as pegadas de uma só e mesma tradição: o leitor deverá acompanhar nosso iter, através dos caminhos da ciência e da filosofia jurídica, especificamente em campo hermenêutico, para se convencer que o novo pode ser o velho de ponta cabeça. Tem-se, pois, que iniciar o percurso no exato ponto onde começou a própria filosofia hermenêutica. É preciso começar pela filosofia romântica de 1800.

7. O alicerce filosófico da hermenêutica radical que encontra aqui "pedras possíveis para a subida" encontra-se esboçado em nosso *Os caminhos da filosofia e da ciência jurídica: conexão alemã no devir da justiça*. Tese (titularidade), Faculdade de Direito, Universidade de São Paulo, São Paulo, 2013. Apresentada na disputa de concurso de Titularidade de Introdução ao Estudo do Direito junto ao Departamento de Filosofia e Teoria do Direito da Universidade de São Paulo, em junho de 2013.

CAPÍTULO I

O SURGIMENTO DA HERMENÊUTICA NO ROMANTISMO: POSSÍVEL INTERPRETAÇÃO SOBRE AS RAÍZES DA HERMENÊUTICA JURÍDICA

A busca do significado de um texto, como da vida, importa um processo de mútua e perene afetação, em que sujeito e objeto, matéria-prima e produto final, influenciam-se reciprocamente e perfazem o sentido que primacialmente se buscava: a ideia que se tem de um texto antes (na forma de pré-conceito) e durante a sua leitura afeta o que o próprio texto a ser interpretado é, modificando a relação original do leitor com esse objeto de interpretação, que não é mais o mesmo, vez que sua atividade já o alterou. Do mesmo modo, poder-se-ia dizer que a visão que se tem da vida e do mundo modifica o que é a própria vida e, assim, influi na interpretação que se pode fazer da existência humana: adotar atitudes diante de um texto é, pois, interpretá-lo, e interpretar a vida é o que se pode chamar de viver.

Dessa forma, a constituição de sentido de um mundo, assim como de um universo normativo (*nomos*)[1] – e o universo humano é sempre normativo – ou de um texto podem ser analisados por diversas categorias que valem para todos esses campos. Uma distinção fundamental que perpassa essas áreas e de que se quer valer aqui é a de que, existencial ou hermeneuticamente, ou se é revolucionário, ou se é conservador: assim como a orientação em relação a um *nomos* só pode recair em uma dessas duas categorias,[2] da mesma forma só pode haver esses dois tipos de hermenêutica.

Para se perquirir uma hermenêutica jurídica contemporânea progressista, como se afirmou ser aqui o caso, é necessário buscar as origens dessa ciência no pensamento moderno, atentando-se sobretudo às vertentes mais revolucionárias que ela pode ter tomado, vitoriosas no campo de batalha da história das ideias ou não. Se o pai da hermenêutica moderna foi Schleiermacher, temos então que voltar a investigação para o contexto cultural em que ele se formou, isto é, para o romantismo, e buscar nele o conceito de crítica e interpretação que forjaria o início de seu estudo científico pelos modernos. Assim como todo o resto, porém, teve também o romantismo uma faceta revolucionária e uma outra, conservadora.

No tempo, aquela precede a esta. Enquanto o romantismo primeiro enfatizava o progresso – com base em sua poesia universal profluente – bem como a transformação, cujo símbolo e ideal encontrou objeto na Revolução Francesa, o romantismo tardio se mostrou

1. COVER, Robert M. "The Supreme Court, 1982 Term – Foreword: nomos and narrative". *HeinOnline, Harvard Law Review*, vol. 97, n. 4, 1983-1984. *Yale Faculty Scholarship Series*. Paper 2705, p. 4. Disponível em: <http://digitalcommons.law.yale.edu/fss_papers/2705/>. Considera-se um *nomos* um universo normativo, mantido por narrativas que localizam e dão sentido às instituições jurídicas.

2. *Idem, ibidem*, p. 36: A orientação em relação a um *nomos* pode ser insular – correspondendo no exemplo trazido pelo autor à posição de William Loyd Garrison, abolicionista americano que chegou a queimar publicamente a Constituição dos Estados Unidos – cujo signo seria a "rejection of participation in the creation of a general and public nomos", permanecendo-se conservador em relação ao *nomos* por rejeitar tanto mantê-lo quanto revolucioná-lo; ou, então, redentora (*redemptive*) – que dentro do mesmo exemplo corresponderia à posição de Frederik Douglass, ex-escravo fugido que defendia que a Constituição poderia ser interpretada em um sentido abolicionista – em que se tenta modificar o sentido das instituições jurídicas estabelecidas, sendo, portanto, revolucionário.

conservador e reacionário, almejando constituir um movimento contrário justamente ao espírito e aos ecos vindos de Paris. Este romantismo, caracterizado por Schmitt como romantismo político, vinculava a ordem jurídica e política a um organismo tradicional, como atesta o grande escritor conservador Adam Müller, funcionário de Metternich e amigo do velho Schlegel reacionário: nesta perspectiva, mostra-se o pensamento romântico "ocasionalista" e não reflexivo. Com este pendor reacionário, os românticos apoiarão a restauração política[3] e, com ela, a revogação de todas as medidas revolucionárias trazidas pelos franceses. As bases teóricas de um pensamento tradicional, conservador e ocasionalista não podem servir à fundamentação de uma hermenêutica contemporânea transformadora, que aqui se busca estabelecer, devendo-se, pois, voltar a atenção ao romantismo primeiro, este sim, revolucionário e progressista.

1. O romantismo revolucionário de Jena

O berço desse romantismo progressista foi Jena, mais especificamente a casa dos irmãos August Wilhelm e Friedrich Schlegel, na Leutragasse 5, casa em que moraram a partir de 1799 os dois irmãos, a esposa do primeiro, Caroline Schlegel (futuramente Caroline Schelling, quando divorciada do literato e casada com o filósofo) e ainda a futura esposa do caçula Friedrich, Dorothea Veit. Ali, recebiam as frequentes visitas dos escritores Novalis (pseudônimo de Friedrich von Hardenberg) e Ludwig Tieck, bem como do também escritor e antigo amigo do irmão mais novo, conhecido ainda nos tempos em Berlim, Friedrich Schleiermacher, além dos filósofos Johann Fichte e Friedrich Schelling. Reuniam-se então no que ficou conhecido como "Romantiker-Wohngemeinschaft" para discutirem filosofia, literatura, teoria estética e as relações entre a produção humana nesses campos: estava criado o ambiente para o florescimento do romantismo de Jena. O instrumento de sua divulgação, por

3. Schmitt, Carl. *Politische Romantik*. München und Leipzig: Dunker & Humblot, 1919. p. 1: "Restauração, reação feudo-clerical e não-liberdade foram unidos no contexto do espírito do romantismo". ["Restauration, feudal-krerikale Reaktion, politische Unfreiheit wurden mit dem Geist der Romantik in Zusammenhang gebracht"].

sua vez, já fora fundado um ano antes, quando os irmãos Schlegel deram vida à Revista Athenäum, porta-voz das ideias do grupo.

E foi nessa revista que F. Schlegel lançaria primeiramente as bases da concepção estético-filosófica deste romantismo teórico: "(...) na filosofia o caminho para a ciência só segue pela arte, como o poeta, ao contrário, somente pela ciência pode vir a ser artista";[4] e, no mesmo sentido: "quanto mais a poesia torna-se ciência, tanto mais torna-se ela também arte. Se a poesia deve torna-se arte, deve o artista ter de seus meios e de seus fins, de suas barreiras e de seus objetos meticulosa compreensão e ciência; assim o poeta deve filosofar sobre sua arte".[5] Era dizer que a arte deveria se tornar ciência, e a ciência, arte; poesia e filosofia deveriam, para os românticos de Jena, tornarem-se um só.

1.1 O papel da reflexão (imediata e infinita) na teoria romântica

Se o liame entre arte e ciência tomava esse caráter universalista e, assim, mutuamente abrangente ao ponto da necessária fusão entre ambas, igualmente universalista[6] se mostraria o conteúdo e a função dessa poesia filosófica do primeiro romantismo, cujo projeto era defi-

4. SCHLEGEL, Friedrich. Athenäums-Fragmente. In: BEHLER, Ernst; ANSTETT, Jean-Jacques; EICHNER, Hans (Hrsg). *Kritische Friedrich-Schlegel-Ausgabe.* Erste Abteilung: Kritische Neuausgabe. München, Paderborn, Wien: Schöningh; Zürich: Thomas, 1967. Bd. 2, p. 216 (Fragmento 302): "(...) in der Philosophie geht der Weg zur Wissenschaft nur durch die Kunst, wie der Dichter im Gegenteil erst durch Wissenschaft ein Künstler wird".

5. *Idem, ibidem,* p. 208-209 (Fragmento 255): "Je mehr die Poesie Wissenschaft wird, je mehr wird sie auch Kunst. Soll die Poesie Kunst werden, soll der Künstler von seinen Mitteln und seinen Zwecken, ihren Hindernissen und ihren Gegenständen gründliche Einsicht und Wissenschaft haben, so muß der Dichter über seine Kunst philosophieren".

6. *Idem, ibidem,* p. 182-183 (Fragmento 116): A poesia romântica é universal, no sentido de ser uma reflexão potencialmente infinita. Lê-se neste fragmento: "A poesia romântica é uma Poesia Universal [*Universalpoesie*] progressiva. (...) O modo poético [*Dichtart*] romântico ainda está no Devir [*Werden*], é esta sua verdadeira essência: que ela pode ser sempre apenas deveniente [*werden*], e nunca completada. (...) Só ele é infinito, como ele somente é livre, e reconhece como sua primeira lei, que o arbítrio do poeta não sofre nenhuma lei sobre si mesmo". ("Die romantische Poesie ist eine progressive Universalpoesie". (...) Die romantische Dichtart ist noch im Werden; ja das ist ihr eigentliches Wesen, daß sie ewig nur werden, nie vollendet sein kann. (...) Sie allein ist unendlich, wie sie allein frei ist, und das als ihr erstes Gesetz anerkennt, daß die Willkür des Dichters kein Gesetz über sich leide").

nido por F. Schlegel como um processo aberto, como uma construção processual fundada na reflexão,[7] marcada sobretudo por aquilo que Benjamin identificaria como imediaticidade (*Unmittelbarkeit*) e infinitude (*Unendlichkeit*).[8]

A imediaticidade da reflexão, essa pedra angular da teoria do conhecimento do primeiro romantismo, não é de difícil compreensão. Como pensar acerca do pensar, a reflexão refere-se sem intermediários a seu objeto, sendo o pensamento, portanto, ao mesmo tempo sujeito e objeto de uma mesma ação: pensa-se acerca da beleza de uma obra de arte e, então, pensa-se, em um novo nível, acerca desse pensamento de primeiro nível. Assim, o mero pensar – de primeiro nível – é juntamente com o seu objeto de pensamento – o pensado – conteúdo de uma reflexão e, em relação ao pensado, mera forma.[9] É na hermética análise dos pensamentos de níveis superiores, porém, que a teoria romântica torna-se mais sofisticada, conduzindo-a enfim à infinitude do Absoluto. Vale aqui repetir a advertência de Benjamin, de que o aparente sofisma contido nessa investigação não pode constituir impedimento para a continuação da pesquisa acerca da teoria romântica; deve-se, antes, estar atento para as mais sutis distinções que fundarão a análise do conceito da reflexão, que constituirá, por sua vez, o alicerce sobre o qual o romantismo erguerá toda sua estrutura teórica.[10]

Essa análise segue inicialmente o mesmo raciocínio. Se o pensar é forma da qual o pensado é conteúdo, temos na reflexão que o "pensar

7. BENJAMIN, Walter. "Der Begriff der Kunstkritik in der deutschen Romantik". In: HERBERTZ, Richard (Ed.). *Neue Berner Abhandlungen zur Philosophie und ihrer Geschichte*. Bern: A. Francke Verlag, 1920. vol. 5, p. 12: A reflexão é o tipo mais comum do pensar no primeiro romantismo. ("Die Reflexion ist der häufigste Typus im Denken der Frühromantiker").

8. BENJAMIN, Walter. "Der Begriff der Kunstkritik in der deutschen Romantik", cit., p. 15: O Romantismo funda sua teoria do conhecimento no conceito de reflexão não somente porque ele garantiria a imediaticidade [*Unmittelbarkeit*] do conhecimento, mas também porque ele, da mesma forma, garantiria uma peculiar infinitude [*Unendlichkeit*] de seu [do conhecimento] processo". ("Die Romantik gründete ihre Erkenntnistheorie auf den Reflexionsbegriff nicht allein, weil er die Unmittelbarkeit der Erkenntnis, sondern ebensosehr, weil er eine eigentümliche Unendlichkeit ihres Prozesses garantierte).

9. *Idem, ibidem*, p. 20.

10. *Idem, ibidem*, p. 23.

do pensar" é forma, cujo conteúdo seria o mero pensar. Infere-se, deste modo, que para os românticos não será a lógica a forma decisiva e orientadora de todo o pensamento, mas, antes, o pensar do pensar [*das Denken des Denkens*],[11] vez que é justamente a reflexão que eleva o ser-humano dos meros pensamentos conteudísticos (sensíveis), dando-lhe autoconsciência e, portanto, alma. Chega-se então ao terceiro nível da reflexão, a partir do qual se esteia a peculiaridade da cosmovisão romântica, pois é justamente em sua ambiguidade que se pode vislumbrar o encaminhamento à infinitude. Isso ocorre, porque há duas formas de se interpretar o "pensar do pensar do pensar" a partir da forma básica e fixa da reflexão, isto é, a partir do "pensar do pensar". Este pode ser tanto objeto do pensar, vale dizer, pensa-se acerca do "pensar do pensar", quanto também sujeito do pensar, isto é, o "pensar do pensar" pensa,[12] e o faz reflexivamente, mas agora livre de sua forma fixa inicial. A mesma decomposição [*Zersetzung*] formal ocorreria a cada nível a que se ascendesse, fazendo com que a reflexão se estendesse ilimitadamente, e que o pensamento formado na reflexão se transformasse em pensamento sem forma, que se direciona, então, ao Absoluto.[13] Assim se pode compreender a conclusão de Benjamin, que embora conceda que F. Schlegel não se utilizou dessa terminologia, asserta: "A limitação da reflexão resulta não em si mesma, não é, portanto, realmente relativa, mas é, sim, realizada pela Vontade consciente. (...). A reflexão constitui o Absoluto, e ela o faz como meio [*Medium*]".[14]

11. BENJAMIN, Walter, *op. cit.*, p. 21.

12. Tomemos o pensamento "que bela sinfonia" como exemplo. No segundo nível de reflexão, ocorreria o pensamento: Ocorreu o pensamento "que bela sinfonia". No terceiro nível, pensar-se-ia: "Ocorreu o pensamento de que ocorreu o pensamento "que bela sinfonia". Ele seria, então, o pensar (do pensar do pensar). Porém se poderia também interpretar a expressão "pensar do pensar do pensar" de forma a entender que o pensamento "ocorreu o pensamento 'que bela sinfonia'" pensa: ele é sujeito do pensar (do pensar do pensar).

13. BENJAMIN, Walter. "Der Begriff der Kunstkritik in der deutschen Romantik", cit., p. 24.

14. *Idem, ibidem,* p. 29: "die Beschränkung der Reflexion erfolgt nicht in dieser selbst, ist also nicht eigentlich relativ, sondern sie wird bewirkt durch den bewußten Willen. (...) Die Reflexion konstituiert das Absolute, und sie konstituiert es als ein Medium]".

1.2 A crítica e a hermenêutica romântica: o significado da obra de arte

Com base nessas reflexões é que F. Schlegel aportará no conceito de obra de arte e, consequentemente, no de sua crítica, que constitui o cerne da hermenêutica romântica que aqui se busca encontrar. Assim como a reflexão perfaz a forma do pensamento humano, é a (auto) limitação da reflexão que constituirá o pressuposto e a forma de uma obra: "Para se escrever bem sobre um objeto, não se deve mais se interessar por ele; (...) Quando o artista inventa e está extasiado, (...) ele irá querer dizer tudo; (...). Assim ele não compreende o valor e a dignidade da (auto-)limitação, que, porém, é para o artista como para o homem, o Primeiro e o Último, o mais Necessário e o Mais Alto. O mais Necessário: porque em todo lugar, onde não se limita, limita-se o mundo; é dessa forma que se torna um bruto. O mais Alto: porque só se pode limitar-se nos pontos e nas páginas, em que se tem uma força infinita: autocriação e auto aniquilação".[15] Dentro desses limites impostos pelo autor, contudo, a obra apontará, quando fechada em si e coerente em princípios próprios, para a infinitude da arte, pois essa permite, por meio do exercício da crítica, a infinita reflexão: "Refinada é a obra, quando é por todos os lados nitidamente definida, porém dentro de seus limites é ilimitada e inextinguível, quando é fiel a si mesma, em todo lugar igual, e ainda se eleva acima de si".[16] Todo conhecimento crítico será considerado, então, uma elevação de cons-

15. SCHLEGEL, Friedrich. Lyceums-Fragmente. In: BEHLER, Ernst; ANSTETT, Jean-Jacques; EICHNER, Hans (Hrsg). *Kritische Friedrich-Schlegel-Ausgabe,* cit., Bd. 2, p. 151 (Fragmento 37): "Um über einen Gegenstand gut schreiben zu können, muß man sich nicht mehr für ihn interessieren; (...). So lange der Künstler erfindet und begeistert ist, (...) wird [er] dann alles sagen wollen; (...). Dadurch verkennt er den Wert und die Würde der Selbstbeschränkung, die doch für den Künstler wie für den Menschen das Erste und das Letzte, das Notwendigste und das Höchste ist. Das Notwendigste: denn überall, wo man sich nicht selbst beschränkt, beschränkt einen die Welt; wodurch man ein Knecht wird. Das Höchste: denn man kann sich nur in den Punkten und an den Seiten selbst beschränken, wo man unendliche Kraft hat, Selbstschöpfung und Selbstvernichtung.

16. SCHLEGEL, Friedrich. Lyceums-Fragmente, cit., p. 215 (Fragmento 297): "Gebildet ist ein Werk, wenn es überall scharf begrenzt, innerhalb der Grenzen aber grenzenlos und unerschöpflich ist, wenn es sich selbst ganz treu, überall gleich, und doch über sich selbst erhaben ist".

ciência do próprio conhecimento, que, será na crítica, por sua vez, infinito: ela é o meio pelo qual uma obra de arte refere-se à infinitude da arte, vez que a arte é, como meio de reflexão [*Reflexionsmedium*], infinita.[17] Essa concepção de obra de arte como um todo coerente fechado em si e da crítica como reflexão potencialmente infinita sobre o próprio pensar concretiza-se, para Schlegel, na obra *Wilhelm Meister Lehrjahre*, de Goethe, sobre a qual ele afirma que é "o livro absolutamente novo e único livro, que só se pode aprender a entender a partir de si mesmo".[18]

Essa imediaticidade [*Unmittelbarkeit*] da reflexão é, claro, influência direta da filosofia fichteana,[19] bem como o é o próprio significado do ato reflexivo e a condução de sua realização à infinitude [*Unendlichkeit*],[20] embora nesses últimos aspectos a dissensão[21] com o pensamento de Fichte torne-se mais abrupta. Contudo, não é essa a única herança teórica de que aproveitarão os românticos: acompanham Fichte também na libertação da problemática subjetiva do idealismo filosófico, por meio do saber imediato. A *intellektuelle Anschauung*, em Kant um conceito transcendentalmente contraditório

17. BENJAMIN, Walter. "Der Begriff der Kunstkritik in der deutschen Romantik", cit., p. 58.

18. SCHLEGEL, Friedrich. "Über Goethes Meister". In: BEHLER, Ernst; ANSTETT, Jean-Jacques; EICHNER, Hans (Hrsg). *Kritische Friedrich-Schlegel-Ausgabe*, cit., Bd. 2, p. 133.

19. BENJAMIN, Walter. "Der Begriff der Kunstkritik in der deutschen Romantik", cit., p. 14.

20. *Idem, ibidem,* p. 15: "Fichte sente-se em todos os lugares inclinado a excluir a infinitude da ação do Eu do campo da filosofia teórica e remetê-la à filosofia prática, enquanto os românticos buscam fazê-la justamente teórica (...) e, com isso, constitutiva para a sua filosofia em geral". ("Fichte ist überall bestrebt, die Unendlichkeit der Aktion des Ich aus dem Bereich der theoretischen Philosophie auszuschließen und in das der praktischen zu verweisen, während die Romantiker sie gerade für die theoretische und damit für ihre ganze Philosophie überhaupt (...) konstitutiv zu machen suchen).

21. *Idem, ibidem,* p. 14-22: A principal diferença seria a de que para Fichte a reflexão só existiria onde há uma alocação de consciência, isto é, quando se pensa o Eu [*das Ich*], quando a reflexão refere-se ao si mesmo [*dem Selbst*] do ente pensante. Já para os românticos a reflexão refere-se meramente ao próprio pensar, sendo possível escrever o "si mesmo" a todas as coisas, vez que o pensar a si próprio, para eles, era um fenômeno do qual já podiam partir, enquanto para Fichte era apenas uma determinação possível do ser [*des Seins*]. Assim, para Fichte, a consciência é o "eu", já para os românticos, é o "si mesmo" [*Selbst*].

que deságua na intuição divina,[22] em Fichte a intuição pela qual se conhece a atividade autorreguladora da consciência, que é pressuposto de toda a experiência e pode colocar o "eu" da autoconsciência;[23] será para os românticos a forma do pensamento, constituirá o caráter infinito e puramente metódico do verdadeiro pensamento.[24] Por meio dessa forma, como já se viu, a reflexão se estende infinitamente e se direciona ao Absoluto, permitindo alocar-se a individual obra de arte como meio para a reflexão, que se torna, pois, infinita na crítica, que deve descobrir as estruturas secretas da obra, executar seus fins, superá-la, torná-la absoluta, relacionando-a ao Todo da arte a que ela se refere, sendo então a crítica não só um juízo, mas também um auto-juízo dentro da reflexão, um método muito mais da completização [*Vollendung*] da obra, do que de seu julgamento crítico:[25] livres da subjetividade, com um pé no absoluto, puderam os românticos colocarem a obra de arte como o meio [*Medium*] infinito, onde a reflexão se realiza.

Schlegel, porém, deslocaria esse meio, especialmente a partir de seus escritos de 1800, da arte para a religião, buscando a restauração de sua cosmovisão mais religiosa,[26] embora sem alterar a estrutura da forma do Absoluto e sem deixar claro o que se devia entender pelo conteúdo de uma obra de arte. Foi dentro dessa orientação de messianismo religioso que escreveu Schlegel que "[o] desejo revolucionário

22. KANT, Immanuel. *Kritik der reinen Vernunft*. Ed. Jens Timmerman. Hamburg: Meiner, 1998. p. 123 (B 68), 126 (B72), p. 180 (B135): A intuição intelectual em Kant seria a forma de conhecimento que prescindiria do intermédio dos sentidos para se pensar os objetos, sendo assim todo conhecimento baseado em atos espontâneos (ativos, em contraposição à passividade sensível). Isso implicaria que o objeto não afetaria [*affizieren*] o sujeito para então ser conhecido por este, mas, antes, existiria apenas a partir do pensamento deste sujeito, embora com realidade objetiva. Além disso, como todos os objetos seriam postos por ele, sua apercepção seria capaz de dar todo o diverso [*Mannifaltiges*] em uma só intuição espontânea (a de si próprio). Uma intuição que dá a existência dos objetos e os consegue por todos em uma mera apercepção é o que se considera conceitualmente como a intuição divina.

23. FICHTE, Johann G. *Wissenschaftslehre nova methodo*. 2. Aufl. Hrsg. von Erich Fuchs. Hamburg: Meiner, 1994. p. 34.

24. BENJAMIN, Walter. "Der Begriff der Kunstkritik in der deutschen Romantik", cit., p. 22-23.

25. *Idem, ibidem*, p. 57-60.

26. *Idem, ibidem*, p. 64.

de realizar o reino de Deus é o ponto elástico da cultura progressiva e o começo da história moderna. O que não tem relação com o reino de Deus só tem nela um papel acessório",[27] o que não pode eclipsar a orientação revolucionária dos românticos também em relação ao mundo secular, no contexto totalizante que a crítica de uma obra de arte adquire, vez que a filosofia que a alicerça é prática e teórica, é hermenêutica e existencial, fazendo de todos os românticos distintos republicanos. É assim que Hölderlin, poeta e republicano convicto, via na derrocada e na transição de uma pátria, a erupção também do novo [*das Neueintretende*], do jovem [*das Jugendliche*], do possível [*das Mögliche*]; o sentimento tanto da dissolução [*Auflösung*], quanto do inextinto [*Unerschöpfte*] e do inextinguível [*Unerschöpflich*].[28]

Atentando-se para toda a conjuntura teórica do primeiro romantismo, para a influência fichteana na fundamentação de sua teoria do conhecimento e para o juízo da obra de Goethe como realização máxima dos princípios artísticos do movimento é que se pode estar autorizado a entender em sua completude o fragmento laudatório de Schlegel acerca do ápice da história da humanidade: "A Revolução Francesa, a doutrina-da-ciência de Fichte e o Meister de Goethe são as maiores tendências da época. Alguém que se choca com essa combinação, alguém ao qual nenhuma revolução pode parecer importante, a não ser que seja ruidosa e material, alguém assim ainda não se alçou ao alto e amplo ponto de vista da história da humanidade. Mesmo em nossas pobres histórias da civilização, que no mais das vezes se assemelham a uma compilação de variantes, acompanhadas de comentário contínuo a um texto clássico que se perdeu, alguns livrinhos, nos quais na época a plebe barulhenta não prestou muita atenção, desempenham um papel maior do que tudo o que esta produziu".[29] Não é, entretanto, apenas como signo do ideal romântico

27. SCHLEGEL, Friedrich. "Athenäums-Fragmente", cit., p. 201 (Fragmento 222): "Der revolutionäre Wunsch, das Reich Gottes zu realisieren, ist der elastische Punkt der progressiven Bildung, und der Anfang der modernen Geschichte. Was in gar keiner Beziehung aufs Reich Gottes steht, ist in ihr nur Nebensache".

28. HÖLDERLIN, Friedrich. *Das Werden im Vergehen*. Stuttgart: Cotta, 1962. p. 294-295. (Sämtliche Werke, Bd. 4).

29. SCHLEGEL, Friedrich. "Athenäums-Fragmente", cit., p. 198-199 (Fragmento 216): "Die Französische Revolution, Fichtes Wissenschaftslehre,

que *Wilhelm Meister* desempenha um papel importante na compreensão da hermenêutica vinda de Jena. É também nesta obra que se pode ver comprovada a tese de F. Schlegel de que o espírito seria composto de contradições e ele – e com ele todo o resto – seria só por meio delas compreensível.

1.3 A necessariedade da incompreensão e o caminho para se vislumbrar a verdade da interpretação

Coerente com essa visão de mundo e diante das críticas à incompreensibilidade dos escritos da *Athenäum*, F. Schlegel escreverá o que se tornaria um testamento filosófico deste romantismo primeiro e, caprichosamente, o seu último ensaio publicado na revista: uma defesa não de sua clareza ou inteligibilidade, mas do incompreensível em si. Movido pela vontade de *comprovar*, da forma mais inequívoca e inteligível possível, que toda Incompreensibilidade é apenas relativa e que o espírito do homem está em constante metamorfose, F. Schlegel tentará encontrar um meio popular e simples pelo qual ele poderia unir e apresentar os pensamentos necessariamente fugazes, etéreos, tenros e imponderáveis acerca da comunicação das ideias e de sua possibilidade.[30] Contudo, tal apresentação não poderia, segundo ele, nunca ser tão nua e ingênua como, por exemplo, em seu romance *Lucinde*, sobretudo por dois motivos, que se complementam e que frustrariam, assim, seu desejo pela clareza e objetividade: as mais altas e verdadeiras verdades nunca podem ser ditas completamente e, além disso, residem em um ponto a que o entendimento pode apenas de forma pendente e provisional [*schwäbend*] alcançar, local em que o tormento da incompreensão torna-se tão grande que se desfaz.

und Goethes Meister sind die größten Tendenzen des Zeitalters. Wer an dieser Zusammenstellung Anstoß nimmt, wem keine Revolution wichtig scheinen kann, die nicht laut und materiell ist, der hat sich noch nicht auf den hohen weiten Standpunkt der Geschichte der Menschheit erhoben. Selbst in unsern dürftigen Kulturgeschichten, die meistens einer mit fortlaufendem Kommentar begleiteten Variantensammlung, wozu der klassische Text verloren ging, gleichen, spielt manches kleine Buch, von dem die lärmende Menge zu seiner Zeit nicht viel Notiz nahm, eine größere Rolle, als alles, was diese trieb".

30. SCHLEGEL, Friedrich. "Über die Unverständlichkeit". In: BEHLER, Ernst; ANSTETT, Jean-Jacques; EICHNER, Hans (Hrsg). *Kritische Friedrich-Schlegel-Ausgabe*, cit., Bd. 2, p. 362-363.

Seguindo essa análise, ele confirma serem propositais as possíveis incompreensões que o emprego do termo "tendências" em seu fragmento acima transcrito poderia gerar, fosse o de que ele considerava os grandes feitos ali citados como mero produto de uma moda cultural, ou o de que ele se via apoiando-se nos ombros de Fichte, assim como esse se levantou nos ombros de Reinhold e esse nos de Kant: "O melhor poderia ser fazer a incompreensão cada vez mais atormentadora; quando o tormento atinge a maior altura, ela se rompe e desaparece, e o entender pode então tomar seu início".[31] Deve-se lembrar aqui, como Schlegel o faz no parágrafo de abertura de seu ensaio, que na concepção romântica a reflexão acerca de uma obra pode engendrar a totalidade do pensamento, isto é, conduzir por sucessivas ideias até o objeto Incondicionado, até o entendimento de tudo no mundo.[32] Assim, pode-se estender o princípio de que o Absoluto na obra de arte pode ser alcançado por meio da crítica reflexiva – embora fique em um ponto a que o entendimento só chega fugazmente – também para a compreensão do próprio deleite humano, ao qual tanto como objeto filosófico quanto como segredo existencial não se pode levar a luz da razão: "O mais deleitoso que o homem possui, o próprio contentamento interno, pende ultimamente, como cada um pode facilmente saber, em um ponto que deve ser deixado no escuro – e para isso o Todo contribui e mantém – e perderia essa força, onde se quisesse solucioná-lo no entendimento".[33] Da mesma forma, na crítica de arte, partir-se-ia dos individualismos da obra, mas

31. Schlegel, Friedrich, *ibidem,* p. 366: "Das Beste dürfte wohl auch hier sein, es immer ärger zu machen; wenn das Ärgernis die größte Höhe erreicht hat, so reißt es und verschwindet, und kann das Verstehen dann sogleich seinen Anfang nehmen".

32. *Idem, ibidem,* p. 362: "Alguns objetos do pensamento humano estimulam, por algo que está neles ou em nós, a pensamentos cada vez mais profundos, e quanto mais seguimos esse estímulo e nos perdemos nele, tanto mais eles se transformam no Um objeto, que, dependendo se o buscamos em nós ou fora de nós, caracterizamos como a Natureza das coisas ou como a determinação do homem". ("Einige Gegenstände des menschlichen Nachdenkens reizen, weil es so in ihnen liegt oder in uns, zu immer tieferem Nachdenken, und je mehr wir diesem Reize folgen und uns in sie verlieren, je mehr werden sie alle zu Einem Gegenstande, den wir, je nachdem wir ihn in uns oder außer uns suchen und finden, als Natur der Dinge oder als Bestimmung des Menschen charakterisieren").

33. Schlegel, Friedrich. "Über die Unverständlichkeit", cit., p. 369.

dever-se-ia abstrair deles para compreender o Geral e apreender o Todo, de forma sempre apenas pendente [*schwebend*].[34] Essa forma pendente é inevitável, porque se trata aqui do movimento da reflexão que se ascende infinitamente, e que nunca se acomoda duradouramente em um ponto observável, isto é, trata-se da obra de arte como meio para a reflexão tendente ao Absoluto.[35]

Se não se consegue, entretanto, alcançar a verdade em sua totalidade, embora a vislumbrar possa ser mais fácil e estar talvez ao alcance de todos, a melhor forma de expressá-la não é a que busca exclusivamente uma objetividade e clareza absolutas, mas, antes, consiga ter em si o indicativo de sua própria incompreensibilidade: "Todas as mais altas verdades de todo o tipo são absolutamente triviais e exatamente por isso nada é mais necessário que a expressar de forma sempre nova e, onde possível, de forma sempre mais paradoxal, para que não seja esquecido que elas ainda estão aí, e que elas nunca podem ser totalmente ditas".[36] Já que F. Schlegel entendia que a ironia é a forma do paradoxo[37] – e este tudo aquilo que é simultaneamente grande e bom – nada mais coerente que a defesa desse meio de expressão para transmitir suas ideias acerca das verdades que ele cria apreender. Assim, o resto de seu ensaio será dedicado a explicar e defender a ironia, esse estilo tipicamente romântico, como o meio que ele buscava para ser o mais compreensível e claro possível acerca daquilo que é incompreensível, pois é ela, afinal, que consegue conjugar o incondicionado e o condicionado, a impossibilidade e a necessidade de uma comunicação completa; é por meio dela

34. Schlegel, Friedrich. "Über Goethes Meister", cit., p. 130.

35. Benjamin, Walter. "Der Begriff der Kunstkritik in der deutschen Romantik", cit., p. 59.

36. Schlegel, Friedrich. "Über die Unverständlichkeit", cit., p. 365: "Alle höchsten Wahrheiten jeder Art sind durchaus trivial und eben darum ist nichts notwendiger als sie immer neu, und wo möglich immer paradoxer auszudrücken, damit es nicht vergessen wird, daß sie noch da sind, und daß sie nie eigentlich ganz ausgesprochen werden können."

37. *Idem*. "Lyceums-Fragmente", cit., p. 151: "Ironia é a forma do paradoxo. Paradoxo é tudo que é simultaneamente bom e grande" (Ironie ist die Form des Paradoxen. Paradox ist alles, was zugleich gut und groß ist).

que se pode superar as próprias limitações,[38] isto é, pode-se alçar-se ao Absoluto.

2. Os aportes da hermenêutica romântica

São esses os traços principais da hermenêutica estética do primeiro romantismo, que se teve acima não só como grande influência da fundação da ciência hermenêutica moderna, mas também como portadora de características essenciais para a formação de uma hermenêutica contemporânea transformadora, baseada na categoria da reflexão. Para que se possa manter a nosso alcance o fio condutor da busca de uma tal hermenêutica também no campo do direito, cabe-nos agora resumir as asserções gerais que foram objeto de investigação minuciosa ao longo deste primeiro capítulo. Quer-se inferir dele, primeiramente, que a crítica (artística) do romantismo guarda ainda estreita relação com a metodologia filosófica que o esteia, mas não se resume a esta – embora se possa dizer que com ela se confunda, no sentido explicitado de que filosofia e arte devem se unir – sendo, antes, a crítica que tem o papel principal dentro desta visão de mundo, pois é a partir dela que se pode engendrar a reflexão totalizante, que se pode engendrar a cogitação que se utiliza da obra como fonte capaz de remeter ao meio [*Medium*], que é o Todo da arte, que pode, por sua vez, conduzir ao lampejo do Absoluto.

Nesse sentido, viu-se também que essa crítica através da categoria da reflexão caracteriza-se como um pensar que se transcende [*über sich selbst reflektierendes Denken*]. Ela não é mais a mensuração [*abmessen*] de estilo judicial como antigamente, tendo, agora, um momento ativo que corresponde justamente à reflexão. Ela

38. *Idem, ibidem,* p. 159 (Fragmento 108): "(...) Ela [a Ironia socrática] contém e desperta o sentimento do insolucionável conflito entre o condicionado e o incondicionado, da impossibilidade e da necessidade de uma comunicação completa. Ela é a mais livre de todas as licenças, pois por meio dela se coloca sobre si próprio; mas também a mais compulsória, pois ela é incondicionalmente necessária (...)". ("(...) Sie [die sokratische Ironie] enthält und erregt ein Gefühl von dem unauflöslichen Widerstreit des Unbedingten und des Bedingten, der Unmöglichkeit und Notwendigkeit einer vollständigen Mitteilung. Sie ist die freieste aller Lizenzen, denn durch sie setzt man sich über sich selbst weg; und doch auch die gesetzlichste, denn sie ist unbedingt notwendig (...)").

completa, totaliza, busca o absoluto e tenta superar a finitude, o que é fundamental para uma hermenêutica transformadora: a crítica não é mais um juízo, é um ato de transformação política, um ato Revolucionário.[39]

Por último, deve-se ressaltar que o romantismo primeiro tem um momento de formação real na constituição do moderno. A hermenêutica científica que florescerá no início do século XIX deve mais à teoria do conhecimento – que é, ao mesmo tempo, estética, teórica e prática – do romantismo primeiro, do que em geral costuma se reconhecer. Como se viu, a ideia de arte como um todo serve como meio de reflexão a partir da obra de arte individual e permite que se lobrigue as mais altas verdades a partir da imediaticidade e da infinitude da reflexão estabelecida na crítica: trata-se de uma apreensão imediata do sentido das coisas, que poderia parecer artificioso chamar de divinatória [*divinatorisch*] para aproximá-la do tipo de compreensão ressaltada por Schleiermacher, não fosse o próprio F. Schlegel[40] quem se utilizasse do termo para caracterizar o tipo de crítica que propõe. A influência do romantismo para o considerado pai da hermenêutica moderna se estende para bem além desse ponto, como também, é claro, abrange outros autores e tradições de que nos serviremos na investigação aqui proposta. Até que ponto isso se dá, pode ser mais bem observado nos capítulos que se seguem.

39. BENJAMIN, Walter. "Der Begriff der Kunstkritik in der deutschen Romantik", cit., p. 68: "A crítica é, pois, em total contradição com a concepção atual de sua essência e em seu fim principal, não um juízo, mas, por um lado, integralização, complementação, sistematização da obra, por outro lado, sua dissolução no Absoluto". ("Kritik ist also, ganz im Gegensatz zur heutigen Auffassung ihres Wesens, in ihrer zentralen Absicht nicht Beurteilung, sondern einerseits Vollendung, Ergänzung, Systematisierung des Werkes, andrerseits seine Auflösung im Absoluten").

40. SCHLEGEL, Friedrich. "Athenäums-Fragmente", cit., p. 181-182 (Fragmento 116); p. 200 (Fragmento 201).

CAPÍTULO II

QUEM É SAVIGNY, AFINAL? O LEGADO HERMENÊUTICO DA ESCOLA HISTÓRICA DO DIREITO

A senda a se trilhar à procura de uma determinada espécie de hermenêutica jurídica que seja adequada é tortuosa: as ramificações teóricas são inúmeras, os aparatos conceituais, densos e as veredas podem aparentar frutíferas, mas se mostrarem, por fim, tautológicas. Não se pode, por isso, ocupar-se aqui de traçar a história filosófica dessa ciência, mas, antes, de buscar criticamente nos caminhos já percorridos aqueles que nos parecem levá-la ao progresso que aqui se postula. O romantismo revolucionário e progressista, esteio filosófico da hermenêutica moderna, foi assim o passo inicial necessário nessa investigação, e nos induz, agora, a buscar seu herdeiro legítimo no campo do direito. Se bem interpretado, parece-nos, esse legatário que buscamos coincide com um dos maiores juristas do século que F. Schlegel apontava já ser mais que mera conjectura que teria então em breve seu começo:[1] trata-se do fundador da Escola Histórica do

1. Schlegel, Friedrich. "Über die Unverständlichkeit", cit., p. 364: "E já não é mais que conjectura que o século XIX terá em breve seu começo?" ["Und ist

Direito no século XIX, Karl Friedrich von Savigny (1779-1861). Essa imputação, porém, contradiz a interpretação consagrada desse autor e, por isso, sentimo-nos compelidos a iniciar a investigação de sua hermenêutica a partir da crítica qualificada e expressiva, embora errônea, de sua obra.

1. O errôneo juízo acerca do legado de Savigny

Foi em cinquenta anos após a morte deste que é talvez o mais eminente jurista alemão, em 1911, que o também jurista Kantorowicz, corriqueiramente apontado como um dos fundadores da chamada Escola Livre do Direito, articulou grave provocação, cujo conteúdo acabaria por se consolidar como uma das interpretações tradicionais acerca do valor da obra de nosso herdeiro romântico, interpretação com a qual se quer aqui dialogar opositivamente: "*Was ist uns Savigny*?"[2] [*O que é Savigny para nós?*]. A sua resposta: como historiador, Savigny deveria ser fortemente aclamado por ser quase impecável.

Como filósofo e teórico da hermenêutica, contudo, mereceria o inferno. Trata-se, em nossa interpretação, de um acerto parcial com relação à primeira afirmativa, mas de um equívoco completo em relação à segunda.

Para percebê-los não será preciso revisitar com minúcia a extensa produção desse jurista, o que demandaria um excurso impróprio e perfaria uma extensão que aqui se deve evitar, mas nos bastará valer de pinceladas de reconstrução teórica e de análise crítica acerca de suas principais obras, a começar de sua tão elogiada verve histórica, geradora dos tomos em que ele propugna magistralmente a sobrevivência do direito romano no medievo por meio dos costumes locais, por meio das instituições e doutrinas eclesiásticas, bem como das pequenas cidades que também mantinham seu espírito vivo até seu ressurgimento em Bolonha.

es nicht schon mehr als Vermutung, daß das neunzehnte Jahrhundert nun bald seinen Anfang nehmen wird?"].

2. Kantorowicz, Hermann. "Was ist uns Savigny?" *Recht und Wirtschaft*, n. 2, 1911-1912. p. 47-54 e N. 3, p. 76-79.

1.1 O suposto legado histórico de Savigny

E quem se dedica aos sete volumes da *Geschichte des römischen Rechts im Mittelalter* (1815-1831)[3] é, de fato, arrebatado. Trata-se da história das fontes, da ciência e do ensinamento do direito romano entre os anos de 500 e 1500 do calendário cristão. A primeira parte da obra abrange da Alta Idade Média até Irineu (1050-1125), o fundador da escola de Bolonha (séc. VI até 1100). Aí ressurge, na interpretação savignyana, um vigoroso direito, dotado de estruturada organização judiciária e vivenciado como *espírito do povo* [*Volksgeist*]. A segunda parte cobre da Baixa Idade Média até a Renascença (séc. XII ao séc. XV), dando conta dos "imitadores" da escola de Bolonha. Contempla o ensinamento jurídico nas universidades pelos glosadores e pós-glosadores, bem como a vida destes juristas. Nos lugares em que estes recepcionam as fontes romanas, o direito não teria conseguido atingir o mesmo nível científico das origens, o que serve, para o autor, como signo de uma imperícia condenável dessa fase da história jurídica ocidental.

O que é de fato imortal na obra, segundo nosso entendimento, é a crítica às fontes do direito, que resulta na visão da continuidade de um direito romano vivo na forma de uma ciência frágil, mas persistente ao longo dos séculos, uma ciência que se apoia não em leis, mas na sabedoria dos juristas. Não concedemos, contudo, que ela esteja imune a críticas, vez que apresenta uma, se não imprecisão, ao menos inadequação analítica acerca da fase final da ciência jurídica no medievo.

O que é, assim, ultrapassado nesta reconstituição histórica é o desmerecimento da moderna jurisprudência dos pós-glosadores (conciliadores), isto é, dos juristas bartolistas, transformadores de um direito puro, adaptando-o às necessidades locais: esses são injustamente diminuídos ao longo da obra por inovarem os estudos das fontes clássicas a ponto de merecerem a pecha de terem promovido

3. SAVIGNY, Friedrich Karl von. *Geschichte des römischen Rechtsim Mittelalter*. 5. Aufl. Heidelberg: Mohr, 1834-51. Reimpr. Aalen: Scientia, 1986. 7vols.

um trabalho insípido e infrutífero.[4] Ao contrário dos puristas glosadores, os pós-glosadores teriam cometido o ato condenável de terem se deparado com as fontes clássicas cobertas com nova literatura, e não discernirem se essa era cientificamente adequada ou não, e, assim, não terem mantido nem os olhos fixos nas fontes clássicas, nem uma distância crítica razoável para se conseguir julgar as adições deletérias que encontravam e as que eles mesmos promoviam nos textos e no estudo da ciência do direito em geral,[5] com o intuito de adaptá-los às necessidades práticas inéditas, fossem elas de origem temporal ou regional.

Se externamente a metodologia proposta por Savigny parecia-lhe divergir do que os bartolistas do fim da idade média faziam, deve-se perceber que essa constatação deve mais à aparência que ele ajudou a sedimentar que à realidade: se a escola histórica e a jurisprudência dos conceitos tratassem verdadeiramente de aplicações jurídicas desvinculadas das realidades locais em que se inseriam, deveriam compor-se então de aplicações das normas romanas aos casos modernos sem nenhuma atenção à adequação fática do resul-

4. SAVIGNY, Friedrich Karl von. *Geschichte des römischen Rechtsim Mittelalter*, cit., vol. 6, p. 1: "A vida nova – e rica em consequências – da ciência do direito, que no séc. XII garantiu um aspecto tão aprazível, foi novamente extinta já no meio do séc. XIII e no lugar de uma atividade culta e bem sucedida entrou um trabalho infrutífero e insípido. ("(...) das neue und fruchtbare Leben der Rechtswissenschaft, welches im 12. Jahrhundert einen so erfreulichen Anblick gewährt hatte, [war] schon um die Mitte des dreizehnten wieder erloschen und an die Stelle einer gebildeten folgereichen Thätigkeit eine unfruchtbare geistlose Arbeit getreten").

5. *Idem, ibidem,* vol. 6, p. 158: "A grande qualidade dos antigos glosadores, isto é, manter o olhar voltado exclusivamente às fontes jurídicas clássicas, também lhe [a Bártolo] escapou; também para ele já estava esse nobre objeto em grande parte coberto com uma massa de nova literature, onde o bom e o ruim se misturava amorfamente, cujo inevitável processamento exigia as maiores forças e do qual ele ainda não estava distante o suficiente para se manter livre de suas influências deletérias por meio de uma distância crítica". ("Der große Vortheil der alten Glossatoren, den Blick ausschließend auf die classischen Rechtsquellen gerichtet zu halten, entging auch ihm [dem Bartolus]; auch ihm war schon dieser edle Gegenstand großenteils durch eine Masse neuerer Literatur verdeckt, worin sich Gutes und Schlechtes unförmlich mischte, deren unabweisliche Verarbeitung die besten Kräfte in Anspruch nahm, und der er noch nicht fern genug stand, um sich durch kritische Scheidung von ihren schädlichen Einflüssen frei zu erhalten").

tado, o que nunca chegou de fato a ocorrer.[6] Além disso, escapa--lhe que no momento histórico dos pós-glosadores a ciência tomou distância das fontes para que o triunfo da *praxis* fosse possível, e para que a própria ciência enfim pudesse corresponder às exigências da vida: tratou-se mais de um tempo de aproximação da ciência à vida e, com isso, da consecução de um grande progresso, do que de um tempo de retrocesso científico por se ter conspurcado as castiças fontes romanas do direito.[7] Nesse sentido, o panorama histórico apresentado por Savigny negligencia o direito e a hermenêutica dos pós-glosadores e sua real contribuição, uma vez que julga mal a metodologia eminentemente prática e criativa – por meio da adaptação de conceitos clássicos – desses juristas, concentrando-se nos dogmas que eles revisitaram e recriaram, em detrimento de atenção à sua capacidade de encontrar normas de decisão adequadas ao caso concreto: ele fez, dessa forma, muito mais uma história de bibliografia jurídica [*juristische Literaturgeschichte*] que história do direito propriamente dita.[8] A respeito desta última bastar-nos-á relembrar a

6. Ehrlich, Eugen. *Grudlegung der Soziologie des Rechts*. 2. Aufl. München; Leipzig: Duncker & Humboldt, 1929. p. 251-252: O autor demonstra aqui em diversos exemplos o quanto o conhecimento da vida prática [*Lebenskenntnis*] foi indispensável tanto para glosadores e pós-glosadores, quanto para os juristas do século XIX que seguiram os ensinamentos de Savigny.

7. Jhering, Rudolph von. *¿Es El Derecho una Ciencia?* Granada: Editorial Comares, 2002. p. 60: "Quando a ciência quis ser um poder que dominava a vida, ela deveria levar o direito a corresponder a exigência daquela. Esta foi a tarefa dos tempos dos pós-glosadores. Uma aproximação à vida e, a partir deste, ao progresso. A ciência tomou distância das fontes, citações, autoridades, as regras mal entendidas e feitas por eles mesmos ocuparam o lugar do puro direito romano. Foi a época onde a história da moderna ciência do direito, a práxis, pela primeira vez triunfa sobre a própria ciência – o direito romano a serviço da vida, sujeito a ela como a uma carruagem. ("Pero quando la ciencia quiso ser um poder, que dominara la vída, hubo de someterse a las condiciones de la vida, ello habría de llevar al Derecho a corresponder a la exigencia de aquélla. Ésta fue la tarea del tiempo de los posglosadores: un acercamiento a la vida y, desde este último, al progreso. Pero no era fácil alcanzar el progreso, buena parte de la ciencia tomó distancia de las fuentes, citas, autoridades, las reglas mal entendidas y hechas por ellos mismos ocuparon el lugar del puro Derecho romano. Fue la época donde la historia de la moderna Ciencia del Derecho, la práxis, por primera vez triunfa sobre la misma ciencia – el Derecho Romano al servicio de la vida, sujeto a ella como a un coche de caballos".

8. Ehrlich, Eugen. *Grudlegung der Soziologie des Rechts*, cit., p. 259.

provocação de Ehrlich a cerca do que realmente foi a orientação dos pós-glosadores e o seu significado para a modernidade: "Dificilmente existe para a essência da construção jurídica algo mais ilustrativo que a história de que Bártolo encontraria primeiro a solução para a questão jurídica com que se ocupava e, depois, mandava que seus alunos procurassem as fontes legais para ela. Bártolo com certeza não foi o único que tinha a decisão antes de ter as fontes legais para ela".[9]

1.2 O suposto legado filosófico e hermenêutico de Savigny

Assim, se Hermann Kantorowicz está convencido da verdade histórica da *Geschichte*, nós hesitamos e nos sentimos forçados a parcialmente[10] contrariá-lo. Por outro lado, se nada sobra da filosofia de Savigny nesta provocação violenta, parece-nos sobrar o mais essencial, a sua hermenêutica. Cabe-nos agora, pois, perscrutar que críticas foram feitas de forma tal radical às convicções doutrinárias de Savigny e quais foram os motivos dessa condenação tão peremptória, o que nos levará, por fim, a questionar tais asserções reprobatórias em busca daquilo que Savigny pode, enfim, ter contribuído para uma hermenêutica de fato progressista e revolucionária, que aqui se intenta encontrar. Tornemo-nos então à seguinte indagação: Por que Savigny foi tão severamente criticado?

9. *Idem, ibidem,* p. 253: "Es gibt für das Wesen der juristischen Konstruktion kaum etwas bezeichnenderes, als die bekannte Erzählung, Bartolus habe für die Rechtsfragen, mit denen er sich befaßte, zuerst die Lösung gefunden und dann seine Schüler beauftragt, dafür die Quellenstellen zusammenzusuchen. Bartolus war gewiß nicht der einzige, der die Entscheidung früher hatte als die Quellenstellen".

10. KANTOROWICZ, Hermann. "Was ist uns Savigny?", cit. A dissensão com Kantorowicz acerca da verdade histórica dos escritos de Savigny não pode ser exagerada. Embora ele diga que seu talento para a crítica das fontes [*Quellenkritik*] beire o maravilhoso [*das Wunderbare*] (p. 5), ele próprio aponta o indevido menosprezo de Savigny pelos pós-glosadores (p. 6) e também a maior precisão da obra se considerada em sua totalidade do que se considerada em suas particularidades (p. 5). A nossa divergência de análise é mais quantitativa que qualitativa: a má interpretação do direito dos pós-glosadores, de fato, não macula inteiramente a imortal obra (p. 4), mas é, para nós mais que para Kantorowicz, uma imprecisão essencial acerca do valor histórico desse período do pensamento jurídico.

O motivo de fundo seria por professar a fé no romantismo filosófico descrito no capitulo um,[11] que traria consigo à superfície consequências políticas reacionárias: "Na época da reação, toda medida progressista tomada como invasão no 'crescimento orgânico' do direito deveria ser combatida e todo progresso atacado como 'quebra da história'".[12] A influência romântica de Savigny já foi aqui, embora ainda não em minúcias, ressaltada e não há, realmente, motivos para evitar sua reiteração: Savigny foi mesmo herdeiro legítimo do romantismo alemão. Após terminar os estudos, ele fez viagem de aprendizagem ao coração daquele primeiro romantismo: foi em 1799 a Jena. Ali teria não apenas convivido bastante com Schelling, como também, segundo a placa sobre a casa deste último na Fürstengraben 8, morado com ele em 1800,[13] o que permite explicar com mais suporte fático as influências teóricas que se suspeita que Savigny teria sofrido: suas aulas no semestre de inverno de 1802 em Marburg, por exemplo, que deveriam servir como guia para estudo próprio da ciência do direito – e cujos únicos resquícios são as anotações de seu notável aluno e amigo Jacob Grimm – e que eram a continuação de seu curso sobre metodologia jurídica dado no semestre de verão do mesmo ano, devem ter sofrido influência do famoso curso sobre o método do estudo acadêmico, dado por Schelling no verão de 1802.[14] As anotações de Grimm resguardariam também, nesta reconstrução

11. *Idem, ibidem.* É o que se pode interpretar a partir das associações realizadas pelo próprio H. Kantorowicz na crítica de 1911, nas páginas indicadas a cada trecho: "A teoria do surgimento de todo o direito do espírito do povo (...) provém dos românticos e de seus predecessores, Montesquieu, Burke e Herder" (p. 9); "Savigny apenas exagerou hiper-romanticamente sua formulação" (p. 10); "Suas visões correspondiam ao seu meio. Este meio era o coração do romantismo" (p. 15); "Viajou para o forte central [Hochburg] do Romantismo: Jena. (...). Ali relacionou-se com Schelling e os irmãos Schlegel, que lhe causaram grande impressão. 'O mundo não é um sistema, mas história' como afirmou Schlegel já em 1803" (p. 16); "Assim, Savigny, ao invés de ver o direito sob a óptica dos juristas, via-o sob a do historiador de coloração romântica, daí extraindo os princípios da escola histórica do direito" (p. 17).

12. *Idem, ibidem,* p. 14.

13. KANTOROWICZ, Hermann. "Miszellen – Savignys Marburger Methodenlehre". *Zeitschrift der Savigny- Stiftungfür Rechtsgeschichte*, vol. 53, p. 467, 1933.

14. KANTOROWICZ, Hermann. "Miszellen – Savignys Marburger Methodenlehre", cit.

dos marcos teóricos de Savigny, rastros de um estudo apurado de Herder, Fichte e, sobretudo de Kant.[15] Assim, como leitor assíduo também da Athenäum, sua filosofia deve ser interpretada, o que é notado igualmente por Rückert,[16] à luz deste horizonte idealista, é dizer, do idealismo objetivo pós-kantiano: é ao primeiro romantismo estudado no capítulo anterior e expresso em 1800 na revista Athenäum, a revista dos irmãos Schlegel, e a seu giro filosófico e filológico a que devemos recorrer para entender a filosofia hermenêutica da Escola Histórica do Direito.

Para Kantorowicz, porém, tais influências conduziram-no ao afastamento do direito concreto, que marcará tanto a pirâmide conceitual formalista de Puchta quanto a Escola Histórica do Direito de Savigny, que dividiriam, assim, o mesmo vício de reacionarismo e de formalismo indevido, que tornam a filosofia hermenêutica deste e a filosofia jurídica de seus sucessores tão inepta aos olhos da Escola do Direito Livre. Nesse sentido, Kantorowicz verá em sua orientação historicista a ponte pela qual Savigny abandonaria o terreno de normas válidas como conteúdo do direito para chegar ao ponto em que o direito se consubstancia apenas nas fontes do passado e, por sua orientação romântica, no passado mais primevo possível,[17] o que explicaria também o abismo entre teoria e prática em sua doutrina supostamente purista e reacionária, permitindo localizar a escola histórica não no auge [*Höhepunkt*] do desenvolvimento do direito, mas em seu ponto mais baixo [*Tiefpunkt*].[18] De forma igualmente perniciosa imiscuir-se-ia a metodologia savignyana na jurisprudência dos conceitos, que faria do direito um mero ente das sombras, cuja existência de papel seria completamente estanque à vida, acabando-se em um formalismo histórico-jurídico,[19] que, nesse caminho, afastaria qualquer consideração lógico-teleológica na aplicação do direito,[20] isto é, desvincular-se-ia da observação de quaisquer fatos da vida.[21]

15. *Idem, ibidem,* p. 468.

16. Rückert, Joachin. *Idealismus, Jurisprudenz und Politikbei Friedrich Carl von Savigny*. Ebelsbach: Verlag Rolf Gremer, 1984.

17. Kantorowicz, Hermann. "Was ist uns Savigny?", cit., p. 17-18.

18. *Idem, ibidem,* p. 19.

19. *Idem, ibidem,* p. 26.

20. Kantorowicz, Hermann. "Was ist uns Savigny?", cit., p. 33.

21. *Idem, ibidem,* p. 39.

Embora Savigny e alguns de seus principais sucessores tenham realmente tomado posições reacionárias,[22] essas críticas a seu posicionamento teórico e à sua hermenêutica se assentam em pressuposições integralmente falsas: a jurisprudência dos conceitos de Puchta, grande discípulo de Savigny, não é formalista. Basta, para percebê-lo, fitar brevemente os recentes estudos de Haferkamp sobre a "oficina escura"[23] em que se forma o direito puchteano, onde novas relações jurídicas eram criadas a todo tempo, afastando-se,[24] dessa forma, muito de um formalismo marcado pela distância da prática [*Praxisferne*], como se quer lhe imputar.[25] Puchta e Savigny foram os responsáveis por fundar com sucesso os fundamentos do direito civil moderno, o que jamais poderia ter sido feito sem atenção aos resultados práticos daquilo que estudavam e propunham, isto é, jamais teria ocorrido se realmente a dogmática pandectística se tratasse de meras subsunções lógico-formais de uma pirâmide conceitual despreocupada com conjunturas fáticas: se assim o fosse, provoca Haferkamp, não se conseguiria explicar como surge desses autores os institutos modernos da posse [*Besitz*], da representação [*Stellvertretung*], da cessão [*Zession*], da impossibilidade de cumprir a obrigação [*Unmöglichkeit*], da *actio negatória*, da *culpa in contrahendo* ou ainda da hipoteca [*Hypothek*].[26] Ademais, já em Savigny se pode compreender o direito como expressão de condições sociais concretas,

22. A orientação política de Savigny não é totalmente assente, mas pode-se de fato dizer que ele era reacionário ou se preferirem, com Rückert, um "reformista conservador", pelo menos se comparado com a filosofia emancipatória de Hegel, tal qual transmitida pelos jovens hegelianos.

23. PUCHTA, Georg Friedrich. *Cursus der Institutionen*. Leipzig: Breitkopf und Härtel, 1841. Bd. 1, p. 30.

24. HAFERKAMP, Hans-Peter. *Georg Friedrich Puchta und die "Begriffsjurisprudenz"*. Frankfurt am Main: Klosterman, 2004.

25. LARENZ, Karl. *Methodenlehre der Rechtswissenschaft*. Berlin: Springer, 1960. p. 24: "O que Puchta chama de genealogia dos conceitos não é nada mais que a pirâmide de conceitos do sistema formado regras da lógica formal". ("Was Puchta die Genealogie der Begriffe nennt ist nichts anderes als die Begriffspyramide des nach den Regeln der formalen Logik gebildeten Systems"): Larenz representa nessa passagem exemplo respeitável de um equívoco reincidente e condenável na história da metodologia do direito.

26. HAFERKAMP, Hans-Peter. "Art. Begriffsjurisprudenz". *Enzyklopädie zur Rechtsphilosophie*. Erstpublikation 8. Apr. 2011.

a ponto de o realista Alf Ross[27] apreciar na teoria savignyana uma descrição sociológica do direito.

2. O verdadeiro legado filosófico e hermenêutico de Savigny

Não foi com propósito diletante que a contribuição histórica de Savigny e sua possível imprecisão foi acima discutida. É justamente sobre sua má interpretação que se assenta o que de fundamental o fundador da Escola Livre do Direito – e com ele tantos outros – não percebeu ou não deu a devida atenção e, com isso, falhou em entender o aporte hermenêutico do grande jurista de Frankfurt: Savigny não foi um historiador do direito, mas tão somente de suas fontes textuais. Aqui fica clara a diferença com, por exemplo, seu predecessor Hugo, que foi, este sim, um renovador da história do direito. A ligação entre ciência e história para Savigny, como lembra J. Rückert,[28] é intrincada e só com sua correta intelecção pode-se julgar apropriadamente acerca do que foi, de fato, sua teoria da interpretação. Savigny falava de uma ciência do direito verdadeiramente histórica: segundo ele, a jurisprudência seria uma ciência histórica, como afirmava já em 1802 no seu curso de metodologia, mas, ao mesmo tempo, também uma ciência filosófica.[29] As origens dessa fusão remontam, novamente, à filosofia do primeiro romantismo de Jena.

A virada estética dos românticos, a teoria da poesia a partir de sua história ainda que apenas sob o paradigma grego, serve de base para Savigny constituir a teoria do direito a partir de sua própria história, neste caso, a partir do paradigma do direito romano. Assim como os românticos helenistas reinventaram a Grécia como a história

27. Ross, Alf. *Theorie der Rechtsquellen: ein Beitrag zur Theorie des positiven Rechts auf Grundlage dogmen historischer Untersuchungen.* Leipzig: Deuticke, 1929. p. 435.

28. Rückert, Joachin. *Idealismus, Jurisprudenz und Politikbei Friedrich Carl von Savigny*, cit.

29. Savigny, Friedrich Karl von. *Savignys Marburger Juristische Methodenlehre.* Ed. por Gerhard Wesenberg, Stuttgart: Kohler, 1951. p. 48: "Todo sistema conduz à filosofia. A apresentação de um sistema meramente histórico conduz a uma unidade, a um ideal, onde ela se alicerça. E isso é a Filosofia" ["Alles System führt auf Philosophie hin. Die Darstellung eines bloß historischen Systems führt auf eine Einheit, ein Ideal, worauf sie sich gründet, hin. Und dies ist Philosophie"].

da Grécia, Savigny utilizará o mesmo modelo para reinventar Roma a partir de sua história e desenvolver com base nesses estudos uma teoria jurídica moderna. Esse giro hermenêutico dos historiadores da antiguidade é expressamente aceito por Savigny no início de sua obra dogmática, o também monumental *System des heutigen römischen Rechts*, em que ele afirma que "a relação de nosso tempo com a antiguidade é afirmada (...) de maneira semelhante como nós a percebemos em outros campos intelectuais".[30] Confundir, porém, esse historicismo com conservadorismo só poderia ser fruto de uma negligência da real importância do significado que se dá aos períodos históricos e sua relação com a criação do objeto de estudo que é a metodologia e a hermenêutica do direito, além de estear-se em desconhecimento do real significado do romantismo primeiro: "a história – escreve Schlegel – é uma filosofia em devenir e a filosofia uma história acabada".[31] Assim, concluir que a Escola Histórica levaria a interpretar o direito como a um fato já pertencente ao passado[32] é ignorar o real significado de história, um significado que se perfaz somente no presente, tanto para os românticos como para Savigny.

Do mesmo modo, portanto, como na filologia de Wolf e Ast, fundadores da ciência antiga [*Altertumswissenschaft*] e precursores da hermenêutica do grande tradutor de Platão e teólogo Schleiermacher, a ciência do direito deveria também buscar uma intuição viva (*lebendige Anschauung*) para se tornar verdadeira ciência (*Rechtswissenschaft*).[33] Uma ciência histórica do direito passaria pela renovação da hermenêutica jurídica na linha da hermenêutica geral

30. SAVIGNY, Karl Friedrich von. *System des heutigen römischen Rechts*, cit., Bd. 1, p. 31: "ein Verhältnis unsrer Zeit zum Alterthum [wird] behauptet (...), wie wir es in ähnlicher Weise auch in andrer geistigen Gebieten wahrnehmen!".

31. SCHLEGEL, Friedrich. Athenäums-Fragmente, cit., p. 220 (Fragmento 325): "(...) die Geschichte sei eine werdende Philosophie, und die Philosophie eine vollendete Geschichte".

32. KANTOROWICZ, Hermann. "Was ist uns Savigny?", cit., p. 17: "Para o historiador o direito – como todo o resto – é já um fato pertencente ao passado; o presente está excluído de sua produção". ("Für den Historiker ist das Recht – wie alles andere auch – eine bereits der Vergangenheit angehörige Tatsache; die Gegenwart ist seiner Bearbeitung verschlossen").

33. KOSCHAKER, Paul. *Europa und das römischeRecht*. 4. Aufl. München: C.H. Beck, 1966. p. 210: Daí darmos razão a P. Koschaker, para quem a expressão "ciência do direito" foi uma "invenção" da escola histórica do direito.

de Schleiermacher, para quem a hermenêutica seria uma arte livre, e não um método formal normativo, vez que as suas regras não poderiam ser novamente subsumidas a regras.[34] Assim como Schlegel via na crítica a reconstrução do processo de um pensamento,[35] Savigny, leitor do Athenäum e dos primeiros românticos, também enxergava na interpretação uma reconstrução de um pensamento. Do mesmo modo que Schleiermacher, amigo pessoal de Savigny, identificava compreender como reconstruir [*nachkonstruieren*] um pensamento normalmente "não claro" – ao contrário dos iluministas que viam claridade em tudo, Schleiermacher cria ser a compreensão a verdadeira exceção, para a qual a incompreensão serviria de regra – para Savigny também, devia o intérprete se colocar na mesma posição do autor e transferir-se para o ponto de vista deste, de forma a reconstruir o espírito e a formação de sua obra.[36] A ciência do direito para a escola livre é obra da arte jurídica "*ein Werk der juristischen Kunst*" e não da lei "*das Juristischenrecht ist kein Kraft aus dem Gesetze*".[37]

Daí a perplexidade: se Savigny, em sintonia com os primeiros filósofos da hermenêutica moderna, tinha uma visão da interpretação jurídica como um ato criador, produtivo e fundador de direito, que para ele tinha uma natureza social, como a Escola do Direito Livre, se não por um equívoco interpretativo por muitos despercebido, pôde condenar a sua metodologia como completamente descartável, tendo em vista seu excessivo formalismo?

Está perfeitamente expresso no *System*, na parte hermenêutica, que o direito não é um conjunto de regras a serem aplicadas mecani-

34. Schleiermacher, Friedrich. *Hermeneutik und Kritik*. 4. Aufl. Frankfurt am Main: Suhrkamp, 1990. p. 90: "(...) weil die Regel selbst nicht wieder unter Regeln zu bringen [seien]".

35. Schlegel, Friedrich. "Über das Wesen der Kritik". In: Behler, Ernst; Anstett, Jean-Jacques; Eichner, Hans (Hrsg). *Kritische Friedrich-Schlegel -Ausgabe*, cit., Bd. 3, p. 60: "Mas só se pode dizer que se entende uma obra, um espírito, quando se consegue reconstruir seus caminhos e sua edificação. Essa compreensão minuciosa (...) é a empresa e a essência interior da crítica". ["Und doch kann man nur dann sagen, daß man ein Werk, einen Geist verstehe, wenn man den Gang und Gliederbau nachkonstruieren kann. Dieses gründliche Verstehen nun (...) ist das eigentliche Geschäft und innere Wesen der Kritik"].

36. Schleiermacher, Friedrich. *Hermeneutik und Kritik*, cit., p. 93.

37. Ehrlich, Eugen. *Juristische Logik*. 2. Aufl. Tübingen: Mohr, 1925. p. 151.

camente, pois de modo rigorosamente anti-formalista, "não se pode esperar que cada lei siga naturalmente, segundo seu significado, outra lei".[38] Assim, com relação à hermenêutica, a metodologia da escola histórica em muito ultrapassa a questão da aplicação das normas aos casos concretos, e parece proceder daquilo que desenvolvemos no capítulo anterior como uma reflexão, mas agora sobre o agir jurídico. Daí, no *System*, aquele defeito da *Geschichte* é superado pela busca do restabelecimento da unidade entre teoria e prática, como era o caso dos juristas romanos, e chega-se a reconhecer como natural a existência de lacunas jurídicas.[39] Na ciência jurídica romana, a unidade entre teoria e prática era algo vivencial e Savigny não deixou de trazer tal influência para a parte hermenêutica de sua obra.

Tanto para Schleimacher, quanto para o fundador da Escola Histórica do Direito e para o cofundador da Escola do Direito Livre, a hermenêutica não faz parte da lógica formal, como pensavam os iluministas e como se imputa injustamente a Savigny e seus seguidores. No entanto, Savigny e Puchta são sim ainda vítimas de três dogmas "iluministas" da lógica jurídica, dos quais realmente não conseguiram se desvincular e que, não raro, conflita com a teoria jurídica exposta acima, ensejando as interpretações equivocadas que aqui se tentou afastar: são eles a vinculação à norma jurídica, a concepção estatal do direito e a concepção da unidade do direito. Cabe-nos, porém, observar de que forma tais dogmas realmente afetam a hermenêutica proveniente da Escola Histórica para que possamos, nesses pontos, afastarmo-nos do que se imporia como obstáculo à consecução de uma hermenêutica positivamente revolucionária.

3. O aperfeiçoamento da hermenêutica savignyana

Por mais que Savigny e Puchta tenham de fato superado a visão estatalista do direito – a ideia de que o juiz julga sempre com base na lei estatal – nos escritos históricos, pois, obviamente, o direito romano milenar a ela não se adequa, esta visão distorcida retorna, em intermitências, nos escritos dogmáticos. Não basta invocar o direito

38. Savigny, Karl Friedrich von. *System des heutigen römischen Rechts*, cit., Bd. 1, p. 209.
39. *Idem, ibidem*, p. XXV.

costumeiro para realizar a difícil transposição na história da ciência jurídica de superar-se o direito emanado formalmente do Estado. Aqui surge, pois, a diferença já ressaltada entre hermenêutica como julgar (*beurteilen*) e como agir calcado na reflexão. Savigny e Puchta não perguntavam como surge o direito costumeiro, mas apenas como o reconhecemos e, assim, negligenciam importante momento da formação do direito. Ou seja, partindo-se da forma com que Savigny reconhece o direito – e não da forma como ele o aplicaria – haveria nos pós-glosadores rejeitados por ele muito mais construção livre do direito do que nele próprio– e devendo-se lembrar que Bártolo ainda rejeitava o costume como fonte jurídica.

Num certo sentido também, outro dos dogmas iluministas faz-se inegavelmente presente na obra desses autores: a Escola Histórica do Direito e a jurisprudência dos conceitos continuam a ideia jusnaturalista da unidade do direito: ela seria "claramente presente em Savigny e Puchta".[40] O problema que vemos aqui não é tanto a postulação desta unidade como um *telos*, quanto o de reconhecê-la como de fato existente através de normas. A concepção de que "as normas somente constituem uma unidade através da sociedade na qual atuam; (...) esta ordem não é algo já feito, mas algo sendo feito [*werdende*]",[41] ilustra que a ideia de que Savigny estaria preso ao passado deve ser rechaçada, mas ilumina também o fato de que ele não conseguiu desvencilhar-se dos grilhões de um dogma errôneo que sobrevive até os dias de hoje no estudo da ciência do direito.

Assim, o erro de Savigny, do ponto de vista de uma hermenêutica livre, é considerar a interpretação do direito [*Rechtsfindung*] ainda como interpretação de normas jurídicas [*Auslegung von Rechtssätzen*]. Daí, concretamente, surge a timidez em considerar a analogia como interpretação do direito, o que só pode ser defendido na busca de uma hermenêutica progressista, vez que as normas jurídicas não dão conta mesmo do que prometem, tanto menos quando se calam. Aqui deveria o jurista decidir livremente, e não se reportar às supostas decisões tácitas do legislador. Neste sentido específico, a hermenêutica da Escola Histórica afasta-se de sua concepção enquanto criação

40. Ehrlich, Eugen. *Juristische Logik*, cit., p. 134.
41. *Idem, ibidem*, p. 312.

da arte jurídica acima aventada para aproximar-se de uma submissão à lei, que deve ser afastada.

Ehrlich trará, nesse aspecto, solução muito mais adequada para os nossos fins em sua engenhosa solução da aporia que opõe interpretação subjetiva e objetiva. A interpretação subjetiva, segundo ele, só valeria nas poucas situações em que os casos concretos são subsumíveis à lei e uma decisão inequívoca é possível de ser tomada; nas demais deveriam os juristas ultrapassar o subjetivismo estrito da vontade do legislador e buscar a melhor adequação entre a situação fática e a aplicação do direito. E desde o direito romano, sabe-se, havia apenas uma pouca dezena de leis ao longo dos séculos para uma miríade de decisões jurídicas satisfatórias sem referência a estas poucas leis. Se a ciência do direito é necessariamente criativa, toda analogia é, invariavelmente, sempre uma criação progressora [*Fortbildung*], isto é, uma criação livre do direito. A diferença de concepções assentaria, portanto, no fato de que para Ehrlich toda a criação livre do direito é hermenêutica e para Savigny, a hermenêutica é pensada ainda com referência à aplicação de normas aos casos concretos, mormente quando o legislador não pode prever a situação, embora se trate de um formalismo muito menor do que o que se quer, em geral, imputar a ele por ser um que inclusive permite adequações às situações fáticas, como já se viu. O marco divisório entre ambos pode ser traduzido, portanto, na relação entre interpretação [*Auslegung*] e o que se poderia chamar de criação profluente do direito [*Rechtsfortbildung*]: Savigny se restringe àquela, Ehrlich, mais acertadamente, vê a última na maioria dos casos de interpretação.

Assim, à provocação de Kantorowicz exsurge nesta tese uma imagem de Savigny muito mais positiva, próxima à Escola Livre do Direito a partir da reflexão crítica e ativa dos primeiros românticos, irmanados em uma doutrina da arte [*Kunstlehre*], visando à reconstrução da *praxis* da interpretação, desprovida, porém, da radicalidade dos juristas livres. Não se pode olvidar, que fatores políticos também pesam nesta diferença metodológica. Savigny, de fato, assim como o velho F. Schlegel, Arnim e Brentano, guiou- se mais pelo conservadorismo reformista do que pela ideologia de liberdade, igualdade e fraternidade, mesmo que apenas no direito privado. Ainda que hoje em dia se saiba que os mitos do reacionarismo de Savigny não são totalmente procedentes – ele apenas era contrário à codificação do direito privado e não contra a legislação penal ou pública – não resta dúvida de que seu método fundou a clássica doutrina dominante do direito privado, infensa às mudanças radicais defendidas pelos revolucionários hegelianos que miravam utopias futuras e não padrões consagrados do passado.

Deve-se agora, portanto, visitadas as obras de um dos principais juristas da história da ciência do direito e solucionadas algumas incompreensões em relação às suas contribuições, dar mais um passo na direção da hermenêutica aqui postulada, ainda mais conscientes dos percalços e atalhos que a caminhada apresenta: cientes de que a hermenêutica enquanto arte criativa não precisa e não pode dispensar a história, que, por sua vez, não é constituída de uma cadeia de causas e efeitos no tempo e espaço pretéritos, mas, antes, encontra sua consumação apenas no presente e a partir da própria reflexão de jaez romântico acerca do caso jurídico, que pode permitir, por sua vez, o vislumbrar da decisão correta em cada caso; enfim, cientes das contribuições dos românticos, de Savigny e das ponderações de Ehrlich aqui expostas, julgamo-nos preparados a adentrar de vez no século XX.

CAPÍTULO III

A HERMENÊUTICA FILOSÓFICA DE GADAMER E SEU ÚNICO ERRO

Os avanços que Savigny promoveu, em sua obra dogmática, na ciência hermenêutica não são, como se viu, de se negar: bem compreendido, vê-se que o jurista trouxe à luz, com esmero e autoridade à altura de seu profundo conhecimento das fontes, a importância da compreensão histórica da norma a ser interpretada, mantida sua vinculação à efetivação no presente da interpretação, isto é, sem desatenção às novas situações jurídicas e fáticas do momento de aplicação do direito. Não se pode, porém, perder de vista a postulação do significado da hermenêutica feita no primeiro capítulo, vale lembrar, que a hermenêutica é uma área de conhecimento existencial, vez que o posicionamento do sujeito no mundo é interpretativo, influenciando ao mesmo tempo em que é influenciado por pré-conceitos advindos de sua própria historicidade. Dessa forma, não se persegue aqui apenas uma interpretação jurídica de normas que satisfaça os princípios progressistas, revolucionários e referentes à emersão de um significado a partir de um processo reflexivo atento à reconstrução de um pensamento, mas, antes, uma teoria hermenêutica universal consentânea a isso, isto é, uma ontologia do intérprete e do interpretar que se coloque de forma contrária a qualquer interpretação estritamente objetiva ou excessivamente subjetivista e, mais, coloque-se de forma existencial, sendo o significado de uma tal ontologia para o direito somente uma de suas variadas expressões.

Em face dessas considerações sentimo-nos outra vez mais que inclinados, compelidos a seguir determinado caminho de reconstrução crítica na busca de nossa hermenêutica: cabe-nos agora analisar as contribuições do filósofo Hans-Georg Gadamer em sua filosofia hermenêutica ontológica e universal. Reforça-nos a certeza da necessariedade de análise de sua obra o fato de Gadamer ser, por excelência, o teórico do século XX da ciência hermenêutica, pois, fundando a Hermenêutica Universal, tornou-se um ponto de partida necessário para todos que se alçam à tarefa de investigar esse campo do conhecimento: assim, o fato de chegarmos a ele pelas necessidades teóricas internas de nossa busca, reassegura-nos a condição de estarmos a percorrer o caminho seguro de uma hermenêutica revolucionária e progressista.

1. A hermenêutica ontológica de Gadamer

E a teoria de Gadamer atende, de fato, às condições teóricas esboçadas acima. Reproduzindo por mais de metade de sua principal obra ensinamentos dos fundadores da hermenêutica já citados – Schleiermacher[1] e seu discípulo Boeckh[2] – Gadamer ensina estar a potência do significado inerente nem no texto nem no intérprete, o que é justamente a base romântica de sua doutrina de "fusão de horizontes" [*Horizontsverschmelzung*].[3] Segundo ele, uma interpretação totalmente objetiva é impossível e o produto de sua tentativa seria ingênuo, carente de espírito e de significado humano, porque a interpretação é, na verdade, o resultado da fusão da perspectiva histórica de cada um com a do autor interpretado. Assim, a verdade não poderia residir no reconhecimento do significado genuíno de um autor, no "reconhecimento do reconhecido" [*das Erkennen des Erkannten*]

1. Schleiermacher, Friedrich. *Hermeneutik und Kritik,* cit.

2. Boeckh, August. *Enzyklopädie und Methodologie der philologischen Wissenschaften.* Leipzig: Teubner, 1877.

3. Gadamer, Hans-Georg. *Wahrheit und Methode: Grundzüge einer philosophischen Hermeneutik.* 6. Aufl. Tübingen: J.C.B. Mohr, 1990. p. 380-383.

postulado por Boeckh,[4] e, sendo a finalidade da ciência o conhecimento objetivo e permanente, Gadamer nega inclusive o estatuto de ciência à interpretação: nenhum método científico pode transcender a historicidade do intérprete, assim como nenhuma verdade pode transcender esta verdade fulcral. Isso não significa, contudo, que não possa existir uma maneira não metódica de vivenciar a arte, que deveria ser, pois, uma maneira livre, criativa: deve-se passar do âmbito metodológico para a experiência de uma verdade hermenêutica.

Com esse intuito, Gadamer segue também com acerto a apreciação ontológica de Heidegger[5] – que verte a filosofia em interpre-

4. BOECKH, August. *Enzyklopädie und Methodologie der philologischen Wissenschaften*, cit., p. 10: "o reconhecimento do produto do espírito humano, isto é, do reconhecido". ["(...) das Erkennen des vom menschlichen Geist Producirten, d.h. des Erkannten"].

5. Não é apenas a perspectiva filológica da interpretação de Heidegger que terá grande influência sobre Gadamer e sobre os caminhos traçados pelo pensamento hermenêutico posterior. A fenomenologia hermenêutica de Heidegger partirá de Schleiermacher, de Dilthey, que se alia a esta tradição e unifica a filosofia com a interpretação da história, e do pai da filosofia fenomenológica, seu mestre Husserl. Baseando-se nesses fundamentos, *Sein und Zeit* considera a filosofia como interpretação – palavra que aparece centenas de vezes na obra. O ser não é aí interpretado como *ousía*, mas como temporalidade, diferentemente de como se interpretava na Idade Média: é uma interpretação sobretudo temporal. Ainda sobre esses alicerces teóricos, Heidegger perpetrará uma interpretação escatológica do cristianismo primitivo, baseando-se na expressão bíblica *um die letzten Dingen* [às últimas coisas] e na expressão *Grenzsituationen* [situações-limite] de Jaspers. Quando a filosofia verte-se em interpretação, ela não considera os aspectos sociais da religião, como nos liberais protestantes (em Troeltsch), mas apenas o *kairos* [o momento oportuno], como em Paulo, e o *Augenblick* [o instante], como em Lutero, que não podem ser interpretados cronologicamente. Assim, há uma revolução no significado dessas ciências que não é de se negligenciar: a teologia não pode ser filosofia, mas deve ser, antes, algo decisivo em nossas vidas; o homem como histórico não pode ser apenas abstrato, deve apontar também para uma situação concreta, de acordo com a nova concepção de *Generalisieren* [generalização] e *Formalisierung* [formalização], cindidos por Husserl, mas reunidos por Heidegger; a filosofia é fenomenológica, mas não é metafísica: não nos é dado, por ela, conhecer a Deus. Heidegger vincula-se à hermenêutica de Aristóteles para entender o martelo, mas o faz não apofanticamente, e sim, em coerência com sua visão de mundo, hermeneuticamente. Gadamer manterá, assim, muito da interpretação ontológica heideggeriana, como vemos em sua preservação até mesmo dos conceitos de *Vorverständnis* [pré-compreensão], *wechselnde Vorurteile in Geschichte* [pré-conceitos que se modificam na história] e *Vorgriff* [pré-conceito], mas não mantém seu postulado

tação por meio de suas *formale Anzeige* [indicativos formais][6] – da perspectiva filológica de interpretação. Também para ele o significado de mundo é produzido pelo homem por meio da linguagem, que deve buscar exprimir a decisão do indivíduo por uma existência autêntica no dia-a-dia, o que significa que interpretar teria, sim, um significado existencial. Nesse sentido, dever-se-ia notar primeiramente que a linguagem é, antes de tudo, o próprio pressuposto para que o homem "tenha" um mundo e com ele possa se relacionar de forma humana, isto é, da forma como um ser que se preocupa com sua existência se relaciona[7] com o mundo: assim, por a linguagem intermediar o relacionamento humano com o próprio mundo que o circunda, a perspectiva da linguagem [*Spracheansicht*] constitui a própria perspectiva de mundo [*Weltansicht*] que se pode ter.[8] Deve-se, ainda, ressaltar que essa constatação de que a experiência de mundo [*Welterfahrung*] está vinculada à linguagem [*Sprachgebundenheit*] não permite a transcendência para um estado de não vinculação, assim como o aprendizado de uma língua estrangeira não pode superar completamente a experiência de mundo que se teve com base em outro idioma, uma vez que se traz sempre consigo se não os preconceitos e limitações que a língua-mãe outrora impunha, as limitações da experiência pretérita: "Como viajante retornamos ao lar com novas experiências. Como

de interpretação filosófica de todas as estruturas gerais como interpretação temporal.

6. GADAMER, Hans-Georg. "Martin Heidegger's one path". Transl. by P. Christopher Smith. In: KISIEL, Theodore; BUREN, John van (Eds.). *Reading Heidegger from the start*: essays in his earliest thought. New York: State University of New York, 1994. p. 33: "All of us should ever be relearning that when Heidegger spoke in his early works of *formale Anzeige*, he already formulated something that holds for the whole of his thought".

7. HEIDEGGER, Martin. *Sein und Zeit*. 19. Aufl. Tübingen: Max Niemeyer, 2006 [1927]. p. 12: É famosa a fórmula heideggeriana para se descrever ônticamente o homem, que só com dificuldade pode ser transposta para outros vernáculos. É oportuna sua identificação, pois é com essa ideia fenomenológica de humanidade que Gadamer pensará o homem, o mundo, a linguagem e tudo o mais que os cerca: "O Ser-aí [o correspondente fenomenológico de homem] é ônticamente distinto por em seu ser trata-se do seu próprio ser". ["Es ist ontisch ausgezeichnet, daß es diesem Seienden [dem Dasein] in seinem Sein *um* dieses Sein selbst geht"].

8. GADAMER, Hans-Georg. *Wahrheit und Methode: Grundzüge einer philosophischen Hermeneutik*, cit., p. 446.

emigrantes que nunca retornam ao lar não podemos, porém, esquecer de todo. Mesmo se nós, como historicamente instruídos, estamos cientes sobre a condicionalidade histórica de todo o pensamento de mundo e, assim, também sobre toda a própria condicionalidade, isso ainda não nos leva a uma posição incondicionada".[9] Estando o homem condicionado à sua historicidade, a sua compreensão nas ciências humanas dependeria, pois, de uma "destruição" [*Destruktion*] da tradição consolidada, assim como para Heidegger a compreensão da pergunta pelo "ser" do homem necessitaria de uma destruição da ontologia tradicional: assim como no mestre, contudo, tal destruição não teria o sentido negativo de livrar-se da tradição, mas, antes, o sentido positivo de investigar as suas possibilidades, perscrutando, dessa forma, as fronteiras de seu campo de investigação.[10]

Com vistas a considerar essa historicidade do intérprete, Gadamer mantém também corretamente o elemento hegeliano da hermenêutica fenomenológica de Heidegger a cerca da relação entre a interpretação e a subjetividade de quem a leva a cabo: se ela não é possível sem o sujeito e a condicionalidade que lhe é inerente, ela também não se resume a ele, necessitando, também, do objeto de interpretação, levando a teoria da interpretação a conceber uma espécie de unidade entre substância e objeto de matiz fortemente hegeliano. Em sua análise da consciência histórica do intérprete e da história efetual [*Wirkungsgeschichte*] – tradicionalmente entendida como história da recepção de uma obra em vista de seus efeitos e influência – Gadamer enfatiza que a consciência histórica é mais do que a mera história efetual de uma obra, uma vez que nessa consciência inserem-se também os efeitos que a própria consciência da história efetual tem sobre a consciência, o que acabaria por conduzir à estrutura reflexiva presente em todo pensar acerca da consciência,

9. GADAMER, Hans-Georg. *Wahrheit und Methode*: Grundzüge einer philosophischen Hermeneutik, cit., p. 452: "Als Reisende kehren wir mit neuen Erfahrungen heim. Als Auswanderer, die nie heimkommen, können wir doch nicht ganz vergessen. Selbst wenn wir uns, als historisch Belehrte, über die geschichtliche Bedingtheit alles menschlichen Weltdenkens und so auch über die eigene Bedingtheit grundsätzlich im klaren sind, haben wir uns damit nicht auf einen unbedingten Standort begeben".

10. HEIDEGGER, Martin. *Sein und Zeit*, cit., p. 22.

isto é, presente em toda reflexão:[11] dessa forma, procurará Gadamer pensar a consciência histórica "de forma que na consciência da efetividade a imediaticidade e primazia da obra não se dissolvam novamente em uma mera realidade de reflexão, consequentemente pensar uma realidade, na qual se limite a onipotência da reflexão".[12] Assim, o significado de um texto não é o significado de seu autor, nem meramente o significado que o intérprete lhe imputa, mas, antes, modifica-se historicamente, inexistindo uma norma para validar-lhe a verdade, que deve ser buscada no processo reflexivo que contenha a consciência histórica diante da abertura ontológica que o texto (ou outros objetos de interpretação) propicia.

Para buscar um modelo para a hermenêutica que propõe, Gadamer revisita a tradição filosófica acerca da interpretação e de outras formas do saber. Rejeitando o senso- comum [*Gemeinsinn*] e a faculdade de juízo [*Urteilskraft*] do idealismo kantiano como inadequados,[13] ele será obrigado a se voltar a Platão, à *praxis* e à *fronesis* aristotélica, o que culminará, como vimos, na reinterpretação também de Hegel e Heidegger – além também de Husserl. A obra *Verdade e método* começa, vale lembrar, não com os românticos, mas com a prudência tópica de Vico em oposição à ciência crítica cartesiana, acarretando a lembrança da tradição da retórica clássica. Resgatando, contudo, a tradição romântica de equiparação entre a compreensão (*subtilitas intelligendi*) e o interpretar (*subtilitas explicandi*), vez que aquele sempre importa interpretação, sendo a *subtilitas explicandi* meramente a forma explícita do *intellegere*,[14] Gadamer tentará explicar o terceiro componente do processo hermenêutico, a aplicação (*subtilitas applicandi*), a partir da *fronesis* aristotélica e irá também a equiparar às duas outras faculdades. Isso é possível, porque

11. Gadamer, Hans-Georg. *Wahrheit und Methode: Grundzüge einer philosophischen Hermeneutik*, cit., p. 347.

12. *Idem, ibidem,* p. 348: "Es geht für uns darum, wirkungsgeschichtliches Bewußtsein so zu denken, daß sich im Bewußtsein der Wirkung die Unmittelbarkeit und Überlegenheit des Werkes nicht wieder zu einer bloßen Reflexionswirklichkeit auflöst, mithin eine Wirklicheit zu denken, an der sich die Allmacht der Reflexion begrenzt".

13. Gadamer, Hans-Georg. *Wahrheit und Methode: Grundzüge einer philosophischen Hermeneutik*, cit., p. 50.

14. *Idem, ibidem,* p. 312.

assim como o entender é apenas um caso especial da aplicação de algo geral a uma situação concreta e específica,[15] assim também a *fronesis* remete os objetivos gerais do agir à situação específica para se poder fazer o juízo correto a cerca da ação adequada a uma dada situação, o que demonstra a relevância do ser ético [*sittliches Sein*] para o homem e levanta o questionamento de que papel tem o saber para esse tipo de existência (existência ética).[16] Isso levará, por fim, à compreensão da hermenêutica como *praxis*, pois assim como o agente só pode usar de sua razão prática quando confrontado com a situação de ação, também o intérprete não poderá encontrar o sentido de um texto em geral, mas somente em relação com seu entendimento histórico de seu objeto de interpretação e com sua situação concreta:[17] a interpretação não é, nesse sentido, a arte acerca da ação que o agente executa tendo em vista a finalidade do que quer produzir (*techne*) – e não pode ser, portanto, estudada e ensinada nesse sentido– sendo, antes, uma arte que orienta o agente em sua reação às diversas situações com que pode ser confrontado.

2. A apreciação da hermenêutica jurídica por Gadamer

É com essa orientação baseada em premissas tão verdadeiras que Gadamer se aproximará com acerto também da hermenêutica jurídica. Afinal, o que mais parece com a subsunção de um caso à norma na jurisprudência do que a *fronesis* aristotélica? Como não derivar do aristotelismo uma interpretação filológica carregada de pré-conceitos [*Vorurteile]*? Como, em oposição ao ortodoxo Betti[18] e apoiando-se em Schleiermacher, não enxergar todas as faculdades de interpretação como subsumíveis à categoria da aplicação? Pareceria, assim, que a faceta jurídica da teoria hermenêutica universal de Gadamer seria também irrepreensível e, assim, ele teria, com sua apurada argúcia, solucionado em grande parte a questão que se

15. GADAMER, Hans-Georg, *op. cit.*, p. 317.
16. *Idem, ibidem*, p. 318.
17. *Idem, ibidem*, p. 329.
18. GADAMER, Hans-Georg. "Hermeneutik und Historismus". *Philosophische Rundschau*, Tübingen, vol. 9, p. 241-276, 1961. E também: Emilio Betti und das idealistische Erbe. *Quaderni Fiorentini per la Storia del Pensiero Giuridico Moderno*, Milano, vol. 7, p. 5-11, 1978.

põe aqui por uma hermenêutica geral adequada e por seus corretos desdobramentos no campo do direito. Houve, porém, uma pergunta que Gadamer não soube responder: ele tropeçou, assim como Kantorowicz o fizera em 1911, no legado de Savigny. *Was ist uns Savigny?*: a resposta a essa pergunta escapou também ao grande hermeneuta do século XX.

Tentamos, no capítulo anterior, respondê-la, sobretudo com base na parte mais significativa do sistema de 1840, isto é, na teoria hermenêutica do próprio Savigny. Acerca dela e em oposição às nossas conclusões, afirmou Gadamer: "Também para os juristas, constituiria a tarefa hermenêutica em nada mais que na definição do sentido original da lei e na aplicação desse sentido correto. Assim, Savigny observou ainda no ano de 1840 no *System des römischen Rechts* a tarefa da hermenêutica jurídica puramente como uma tarefa histórica. Como Schleiermacher não via problema no fato de o intérprete dever equiparar-se ao leitor originário, assim também ignora Savigny a tensão entre o sentido jurídico original e o sentido jurídico presente".[19]

Vimos, porém, que em sua primeira fase Savigny havia estudado seriamente a filosofia do primeiro romantismo de Schlegel, Fichte e Schleiermacher e que poderia, a partir dele, fazer uma hermenêutica livre. Vimos também que, se existe uma parte da obra de Savigny em que o senso histórico é mais sintonizado com a ciência do direito, é o sistema de 1840. Deve-se conceder que depois da vitória nacional contra a revolução francesa, acentuam-se as tendências conservadoras do eminente jurista na companhia de Grimm, Armin e Brentano, com uma ênfase na história passada do direito contra a *praxis* vivencial, na luta de vida ou morte contra a revolução francesa defendida por Hegel

19. GADAMER, Hans-Georg. *Wahrheit und Methode*: Grundzüge einer philosophischen Hermeneutik, cit., p. 332: "Auch für den Juristen bestünde die hermeneutische Aufgabe dann in nichts anderem, als den ursprünglichen Sinn des Gesetzes festzustellen und als den richtigen anzuwenden. So hat noch Savigny im Jahre 1840 im 'System des römischen Rechts' die Aufgabe der juristischen Hermeneutik rein als eine historische betrachtet. Wie Schleiermacher kein Problem darin sah, daß der Interpret sich mit dem ursprünglichen Leser gleichsetzen muß, so ignoriert auch Savigny die Spannung zwischen dem ursprünglichen und dem gegenwärtigen juristischen Sinn".

e seus ideais de mudanças legais "arbitrárias". Porém não é verdade, se nos basearmos em sua magistral obra de 1840, que Savigny seja um partidário absoluto da interpretação subjetiva da lei, que vê na reprodução da vontade histórica ou intenção do legislador sua meta. Como refinado herdeiro das lições da hermenêutica de Schlegel, Schleiermacher e Boeckh, sabia o fundador da escola histórica do direito que o objetivo da interpretação é que "nós reconheçamos a lei em sua verdade".[20] Isto não implica uma interpretação genética ou uma tentativa de reproduzir a vontade histórica do legislador, mas, sim, a busca do novo introduzido pela lei no processo histórico: "O elemento histórico tem por objeto o estado determinado por regras jurídicas para a relação jurídica em questão. A lei deveria intervir nesse estado de determinada maneira, e o modo dessa intervenção, aquilo que é acrescentado ao direito por meio dessa lei, deve trazer aquele elemento à intuição".[21] Reconstruir o direito do ponto de vista do legislador é diferente da teoria subjetiva da interpretação proposta por Savigny, vez que sua hermenêutica é livre, perfazendo-se em uma "livre atividade do espírito" [*freye Geistesthätigkeit*].[22]

Sentimos nisso novamente os ecos dos primeiros românticos da revista Athenäum, pois para eles e para Savigny o intérprete não copia, nem meramente se coloca no lugar de um leitor originário; sua atividade é, antes, produtiva, criadora, que passa por considerar e apenas considerar o que o legislador histórico usou como palavras. O intérprete deve acrescentar algo de novo [*etwas hinzu thun*], de modo que a lei possa converter-se em uma vivência jurídica [*ins Leben übergehen*]. Melhor não poderia ser dito, ainda, sobre o objetivo da interpretação: "que presentifiquemos para nós, vivamente, a atividade

20. SAVIGNY, Karl Friedrich von. *System des heutigen römischen Rechts*, cit., Bd. 1, p. 125: "(...) dass wir das Gesetz in seiner Wahrheit erkennen".

21. *Idem, ibidem,* p. 170: "Das historische Element hat zum Gegenstand den zur Zeit des gegebenen Gesetzes für das vorliegende Rechtsverhältniß durch Rechtsregeln bestimmten Zustand. In diesen Zustand sollte das Gesetz auf bestimmte Weise eingreifen, und die Art dieses Eingreifens, das was dem Recht durch dieses Gesetz neu eingefügt worden ist, soll jenes Element zur Anschauung bringen".

22. *Idem, ibidem,* p. 195.

espiritual, de onde a impressão única de pensamentos emergiu diante de nós mesmos".[23]

O intérprete traz, na verdade, o sentido originário da lei com o seu significado atual em uma relação de tensão. Esta deve ser não apenas transmitida, mas produzida de novo. Isto não seria a melhor aplicação no direito da fusão de horizontes [*Horizontsverschmelzung*] gadameriana? Vê-se assim que, de fato, a interpretação de Savigny não é subjetivista, mas, antes, sintoniza-se com os melhores doutrinadores da interpretação objetiva, inclusive com a de um de seus maiores bastiões, o jurista Josef Kohler, cuja visão de independência das normas jurídicas em relação à vontade de seu produtor (o legislador, na maioria dos casos)[24] não é, ao contrário do que ele próprio sustenta,[25] antípoda ao sistema de Savigny.

Kohler chamou a atenção, um dos primeiros em língua alemã ao lado do próprio Savigny, à existência de lacunas no direito positivo e demonstrou como a interpretação no direito anglo-americano evoluiu positivamente em face dessas lacunas e da necessidade de evitar resultados iníquos da aplicação da lei, partindo da interpretação da vontade do legislador para a interpretação dessa vontade inferida a partir do processo geral de produção da lei e daí, influenciada por Grotius e Pufendorf, para a finalidade da lei [*mens legislatoris*], chegando, por fim, na racionalidade geral do mundo [*die ganze Weltvernunft*]:[26] dessa forma, a teoria da interpretação teria acertadamente se objetificado, atentando-se não só para as consequências práticas de uma decisão, como também para as exigências gerais da razão.[27] Os prin-

23. *Idem, ibidem,* p. 215: "dass wir uns die geistige Thätigkeit, woraus der vor uns liegende einzelne Ausdrück von Gedanken hervorgegangen ist, lebending vergegenwärtigen".

24. KOHLER, Josef. "Über die Interpretation von Gesetzen". *Grünhuts Zeitschrift*, Bd. XIII, p. 3, 1886: "das Gestez steht dem Verfasser des Gesetzes ebenso als ein Neues, Drittes, ja als ein Fremdes gegenüber, und die Erforschung seiner juristischen Wirkung ist für ihn ebenso eine neue Aufgabe, wie für den Musiker die Zergliederung der Ton-, wie für den Maler die Zergliederung der Farbeneffekt, auf welchen der ästhetische Zuaber seiner Schöpfung beruht".

25. *Idem.* "Die Gesetzauslegung im englischen und angloamerikanischen Recht". *Archiv für bürgerliches Recht*, v. 38, p. 64, 1913.

26. *Idem, ibidem,* p. 50, p. 53-54.

27. *Idem, ibidem,* p. 60.

cípios hermenêuticos defendidos por Kohler estão, em nosso juízo, certos, assim como é certo que eles já estavam inscritos no sistema savignyano.

3. A eleição de uma tradição conservadora: Schmitt e Forsthoff

Rejeitar, portanto, os ensinamentos hermenêuticos de Savigny é, para nós, fundamental equívoco na reconstrução da história do pensamento jurídico e, pior, macula as consequências que se pode tirar de uma hermenêutica universal no campo do direito. Mancha talvez ainda maior que reprovar a arte hermenêutica de Savigny, porém, é adotar o modelo proposto por Forsthoff, o que não só retira Gadamer do caminho correto para a compreensão da interpretação no direito e para a eleição de sua melhor tradição, como também o conduz para uma de suas mais sombrias, por muito reacionárias, sendas. Em sua análise, na obra *Recht und Sprache*,[28] "Ernst Forsthoff mostrou em sua preciosa investigação como uma reflexão própria a cerca da transformação histórica das coisas deveria surgir a partir de motivos puramente jurídicos, e como a partir dessa transformação o sentido original de uma lei pode ser separado de seu sentido aplicado na *praxis* jurídica";[29] assim, para Forsthoff, e supostamente não para Savigny, o jurista intérprete deveria "conceder a transformação das relações ocorridas e, a partir disso, determinar a função normativa da lei de forma renovada".[30] Forsthoff critica Savigny – crítica que Gadamer ingenuamente endossa – como se o fundador da escola histórica não levasse em conta o momento da aplicação do direito, mas tão só o momento genético. Como se Savigny não buscasse o conhecimento do significado original da lei atrelado à realidade do presente. Como

28. FORSTHOFF, Ernst. *Recht und Sprache: Prolegomena zu einer richterlichen Hermeneutik.* Halle: Niemeyer, 1940.

29. GADAMER, Hans-Georg. *Wahrheit und Methode: Grundzüge einer philosophischen Hermeneutik*, cit., p. 332: "Ernst Forsthoff hat in einer wertvollen Untersuchung gezeigt, wie aus rein juristischen Gründen eine eigene Reflexion über den geschichtlichen Wandel der Dinge entstehen musste, durch den der ursprüngliche Sinngehalt eines Gesetzes und der in der juristichen Praxis angewandte zur Abhebung voneinander gelangen".

30. *Idem, ibidem*: "Er [der Jurist] hat sich vielmehr den eingetretenen Wandel der Verhältnisse einzugestehen und hat daher die normative Funktion des Gesetzes neu zu bestimmen".

se ele não considerasse a mudança das relações jurídicas – que é, como se viu, a essência do direito para Savigny – para determinar o novo direito. Como se ele fosse só um historiador profissional do direito e não um jurista que proclamava uma hermenêutica livre! Esses erros, espera-se, já foram suficientemente explicitados para que aqui fossem evitados. Resta-nos, assim, apenas investigar com maior minúcia quem foi o pensador, cuja obra da década de 1940 fez que Gadamer desprezasse a superior de 1840; e, além disso, entender por que tal influência mostra-se, enfim, realmente nefasta.

Forsthoff foi autor de conhecidíssimas obras[31] de direito administrativo e constitucional, nas quais apresenta inovações dogmáticas, mas não deixa de denotar um profundo conservadorismo, sobretudo ao apontar a ameaça trazida pela ampliação dos direitos sociais. Escreveu ainda o menos conhecido livro *Der totale Staat*, em que já se veem os contornos de seu desprezo pelas conquistas da liberdade civil: "A liberdade é hoje politicamente descreditada, pois se a equipara com a liberdade individual, com a segurança do indivíduo contra a ingerência do Estado. Essa liberdade está ultrapassada".[32] Sua tendência reacionária deixa-se entrever, ainda, por sua herança intelectual, vez que teve por mestre o ferrenho adversário da democracia liberal, o seu professor Carl Schmitt, com quem troca correspondências,[33] nas quais retrata a hermenêutica que acabou por encantar Gadamer. É notável, porém, que esse mestre escrevera em meio à sombria década europeia, que "em um tempo em que a legalidade transformou-se em uma arma venenosa, com que um partido apunhala as costas de outros, a ciência do direito torna-se o último refúgio da consci-

31. FORSTHOFF, Ernst. *Die Verwaltung als Leistungsträger*. Stuttgart; Berlin: Kohlhammer, 1938; *Lehrbuch des Verwaltungsrechts*. Allgemeiner Teil. Munique: C.H.Beck, 1950. Bd. 1; *Rechtsstaat im Wandel: Verfassungsrechtliche Abhandlungen 1950-1964*. Stuttgart: Kohlhammer, 1964; *Rechtsstaatlichkeit und Sozialstaatlichkeit*. Darmstadt: Wissenschafliche Buchgesellschaft, 1968; *Der Staat der Industriegesellschaft*. Munique: C.H. Beck, 1971.

32. FORSTHOFF, Ernst. *Der totale Staat*. Hanseatische Verlagsanstalt: Hamburg, 1934: "Die Freiheit ist heute politisch diskreditiert, denn man setzt sie weitgehend gleich mit der individuellen Freiheit, mit der Sicherung des Individuums gegen den Zugriff des Staates. Diese Freiheit ist überwunden."

33. FORSTHOFF, Erns; SCHMITT, Carl. *Briefwechsel 1926-1974*. Ed. Angela Reinthal, Reinhard Mußgnug und Dorothee Mußgnug, unter Mitarbeit von Gerd Giesler und Jürgen Tröger. Berlin: Akademie, 2007.

ência jurídica".[34] Schmitt, homem de postura inescusável durante o nacional-socialismo, homem que ingressou o NSDAP com o número de matrícula 2.098.860, homem que não se furtou a se referir a um dos maiores juristas de seu século como "o judeu Kelsen", não deixou de acertar com agudeza científica – em suas conferências em meio aos conturbados anos de 1943 e 1944 – ao identificar a última verdade da hermenêutica de Savigny, isto é, o da ciência do direito resgatada no espírito do povo como refúgio da consciência jurídica; e é notável que o tenha feito ao mesmo tempo em que centenas de campos de extermínio se espalharam pela Europa, dos quais alguns juristas que examinaremos no capítulo seguinte escaparam – nesse período Schleier personifica exemplo célebre e perverso, vez que prisioneiro nos campos de *Dachau* e *Buchenwald*, foi torturado neste último até sua fuga. Schmitt teve uma postura política de todo detestável, mas não deixou que a mancha conservadora, reacionária e nacional-socialista obscurecesse também seu senso científico, compreendendo a força e o valor dos ensinamentos de Savigny. Nisso, Forsthoff não seguiu o mestre, demonstrando que Gadamer elegeu um modelo não só de posições contestáveis, mas também de tino jurídico, ao menos no que toca a interpretação de Savigny, censurável: "Fui contrário ao grau a que Savigny elevou a ciência do direito. Não se me afigurava possível que a ciência fosse a única e autêntica fonte do espírito do povo".[35] Forsthoff foi erroneamente contrário a Savigny – mas isso não foi, sem dúvidas, o único de seus erros.

Dessa forma, vemos que Gadamer construiu uma hermenêutica filosófica geral precisa, que alia a consciência histórica na interpretação com a *praxis* do julgar e que recorre à inteligência da *fronesis* aristotélica para encontrar a melhor solução para o caso concreto, mas não viu bem a que tradição de hermenêutica jurídica se aliar, rechaçando Savigny e, assim, fracassando em um entendimento acertado da história da ciência jurídica. Se se busca uma hermenêutica inventiva e

34. Schmitt, Carl. *Die Lage der europäischen Rechtswissenschaft*. Tübingen: Internationaler Universitäts- Verlag, 1950. "(...) in einer Zeit, in der die Legalität zu einer vergifteten Waffe geworden ist, die eine Partei der andern in dern Rucken stößt, wird die Rechstwissenschaft zum letzen Azyl des Rechsbewussteins".

35. Forsthoff, Ernst. *Recht und Sprache: Prolegomena zu einer richterlichen Hermeneutik*, cit., p. 68.

criativa, deve-se, primeiro, responder bem à pergunta de quem foram realmente os guardiões da hermenêutica livre. Só com essa resposta, poder-se-á, então, afirmar quem constituía a verdadeira ciência do direito na década de 40. Quem eram os herdeiros de Savigny e Kohler? Os falsamente acusados de defensores do veneno da legalidade ou Schmitt e Forsthoff, hermeneutas – para dizer o mínimo – conservadores e reacionários? Gadamer, como se viu, ao julgar mal a escola histórica savignyana não logrou responder essas indagações. Fazê-lo e justificar nossas decisões será tarefa dos próximos capítulos, mas resta-nos ainda tentar explicar esse fracasso: cabe-nos elucidar os motivos do erro de Gadamer e suas consequências.

4. O erro da hermenêutica gadameriana

Esse erro consiste, para nós, em adotar uma hermenêutica conservadora, muito embora percebesse que o significado de um texto vai além de seu autor não apenas algumas vezes, mas sempre: "Compreender não é uma atividade reprodutiva, mas sempre também produtiva".[36] Não lhe escapou tampouco o correto entendimento romântico de que "exaurir o verdadeiro sentido, posto em um texto ou em uma obra de arte nunca termina. É, na verdade, um processo infinito".[37] Apesar de ter uma visão acertada acerca da atividade hermenêutica e apesar dos ataques ao idealista kantiano Betti, a hermenêutica de Gadamer não é menos ortodoxa: é bem verdade que ele contesta a possibilidade de se estabelecer métodos de interpretação e propõe a adequada doutrina da fusão de horizontes [*Horizontsverschmelzung*], mas isso não evita que sua ortodoxia exsurja. E ela aparecerá, incontornável, em seu apego à tradição: "A substância da literatura não é a persistência morta de um ser estrangeiro que existe simultaneamente com a realidade experimentada de um texto posterior. Literatura é antes a função de uma conservação espiritual

36. Gadamer, Hans-Georg. *Wahrheit und Methode: Grundzüge einer philosophischen Hermeneutik*, cit., p. 301: "Daher ist Verstehen kein nur reproduktives, sondern stets auch ein produktives Verhalten".

37. *Idem, ibidem*, p. 303: "Die Ausschöpfung des wahren Sinnes aber, der in einem Text der in einer künstlerischen Schöpfung gelegen ist, kommt nicht irgendwo zum Abschluß, sondern ist in Wahrheit ein unendlicher Prozeß".

e traz em todo o presente sua história passada".[38] Assim, para ele, o leitor que seguisse a tradição teria razão, o leitor que a abandona, incorreria, sempre, em erro.

Esse apego fica demonstrado em sua interpretação literária, em especial na aplicação de sua hermenêutica ao ciclo de poemas de Celan Hausto-Cristal [*Atem-Kristall*]: um livreto chamado *Wer bin ich und wer bist du?*, a que Heidegger considerava superior a sua obra máxima *Wahrheit und Methode* e julgava ser, assim como o próprio Gadamer, a continuação do argumento principal contido nela. Vejamos o primeiro poema[39] da obra:

Du darfst mich getrost mit Schnee bewirten:
sooft ich Schulter an Schulter
mit dem Maulbeerbaum schritt durch den Sommer, schrie sein jüngstes
Blatt.

[Tu podes confiante receber-me com neve:
sempre ao percorrer o verão ombro a ombro com a amoreira
gritava sua mais jovem
folha.]

Para Gadamer, a chave hermenêutica para entender este poema de Paul Celan seria a tradição poética de Goethe, conforme consta na epígrafe "Schöpft des Dichtes reine Hand, Wasser wird sich ballen" [*Se a mão pura do poeta a acolhe em concha, a água se concentra*].

38. GADAMER, Hans-Georg. *Wahrheit und Methode: Grundzüge einer philosophischen Hermeneutik*, cit., p. 166: "Das Dasein von Literatur ist nicht das tote Überdauern eines entfremdeten Seins, das der Erlebniswirklichkeit einer späteren zeit in Simultaneität gegeben wäre. Literatur ist vielmehr eine Funktion geistiger Bewahrung und Überlieferung und bringt daher in jede Gegenwart ihre verborgene Geschichte ein".

39. A tradução dos poemas seguirá a versão publicada na EdUerj de autoria da professora Raquel Abi-Sâmara e serão transcritas sempre ao lado da versão em alemão, conforme recomendação do próprio Gadamer (p. 39): *Idem. Quem sou eu, quem és tu?: comentário sobre o ciclo de poemas Hausto-Cristal de Paul Celan*. Tradução e apresentação de Raquel Abi-Sâmara. Rio de Janeiro: Ed. UERJ, 2005.

Inserir a poesia de Celan na tradição clássica da poesia goethiana não é nenhum disparate, pelo contrário, é já de se esperar: apesar de perseguido pelos alemães e ter-se refugiado em Paris, Celan optou por escrever só em alemão. Mas apesar de Gadamer confessar que "Celan foi um poeta *doctus*. Mais ainda, um homem de incrível conhecimento da natureza. Heidegger contou-me que Celan conhecia melhor do que ele as plantas e os animais lá de cima da Floresta Negra",[40] o ingênuo hermeneuta não admite que se possa recorrer a nenhuma obra erudita externa para interpretar o poeta, isto é, ele propugna rejeitar o conhecimento acerca do que seria privado e casual – que deve ser imediatamente esquecido para interpretar-se corretamente um poema[41] – muito embora ele tenha esse tipo de conhecimento inclusive sobre o próprio Celan: tudo estaria contido já no próprio poema e, em caso de dúvida, bastaria recorrer ao *Diwan* de Goethe, autoridade máxima dessa tradição poética, para enfim compreender aquilo que de mais baixo, de menor, de mais leve e ao mesmo tempo de mais preciso cai no cristal: a palavra verdadeira.[42] "Quem 'sabe' no que o poeta pensou, sabe já, por isso, o que o poema diz? Ele pode até sentir o seu pensar somente nesse 'correto' e em nada mais como uma prevalência – mas seria, na minha concepção, um terrível erro, com o qual Celan seria o último a concordar. (...). Quem não entende nada além do que o poeta pode dizer sem por em verso, não entende o suficiente".[43] Assim para Gadamer não resta dúvida de que o poema não se refere a amoras ou a Maul (bocarra), mas sim ao

40. GADAMER, Hans-Georg. "Wer bin ich und wer bist du?" (1986). In: _____. *Gesammelte Werke: Ästhetik und Poetik II*. Tübingen: J.C.B. Mohr, 1993. Bd. 9, p. 386: "Zugegeben, daß Celan auch ein *Poeta docuts* war – noch mehr war er ein Mann von ganz erstaunlicher Naturkenntnis. Heidegger hat mir erzählt, daß Celan im Schwarzwald hoch oben über Pflanzen und Tiere besser Bescheid wußte als er selber".

41. *Idem, ibidem*, p. 445.

42. *Idem, ibidem*, p. 388: "Ein Leisestes fällt in Kristall aus, ein Kleinstes, Leichtestes und zugleich Genauestes: das wahre Wort".

43. *Idem, ibidem*, p. 432: "Auch wer 'weiß' woran der Dichter gedacht hat, weiß er dadurch schon, was das Gedicht sagt? Mag er es vielleicht als einen Vorzug empfinden, daß er nur an das 'Richtige' denkt und an nichts anders – er ware nach meiner Überzeugung in einem schreklichen Irrtum befangen, den am allerwenigsten Celan selbst unterstützt hätte. (...). Wer nicht noch mehr versteht als das, was der Dichter auch ohne zu dichten sagen kann, versteht nicht genug".

recém-madurado que brota incansavelmente nas amoreiras para além do verão: o que se encontraria nestes versos seria, assim, a prontidão para se acolher o outro.[44] A interpretação de outro poema desse ciclo também se mostra profícua para o ponto que tentamos aqui desenvolver:

In den Flüssen nördlich der Zukunft das Werf ich das Netz aus,
das du
Zögernd beschwerst
Mit von Steine geschriebenen Schatten

[Nos rios ao norte do futuro lanço a rede que tu
hesitante lastreias
de sombras escritas com pedras].

Segundo Gadamer, "o que o poema evoca é a claridade e a algidez das águas próximas ao ponto de gelo. O sol atravessa a água até o seu fundo. São as pedras, que carregam a rede, que lançam as sombras. Isso tudo é extremamente sensitivo e concreto: um pescador lança a rede e um outro o ajuda, na medida que carrega a rede. Quem é o eu? E quem é o tu?".[45] Mais a frente, Gadamer rejeita a interpretação de Otto Pöggeler: "O. Pöggeler sugere que precisaríamos compreender a expressão 'ao norte do futuro' como uma paisagem de morte, na medida em que, a partir do 'abismo intangível' da morte, todo futuro que chega até nós já se encontra ultrapassado – uma radicalização da experiência fundamental humana que tornaria necessário compreender o tu como o pensamento da morte que concede a toda existência seu peso".[46] Gadamer não soube interpretar o poema, ao contrário de Pöggeler. Aquele não percebeu que o tema do poema é

44. *Idem, ibidem*, p. 386.

45. GADAMER, Hans-Georg. "Wer bin ich und wer bist du?" (1986), cit., p. 395-396: "Was es evoziert, ist Klarheit und Kälte eisnahen Gewässers. Die Sonne durchscheint das Wasser bis auf den Grund. Die Steine, die das Netz beschweren, sin des, die die Schatten werfen. Das ist alles höchst sinnlich und konkret: Ein Fischer wirft das Netz aus, und ein anderer hilft ihm dabei, indem er das Netz beschwert. Wer ist ich? Und wer ist du?".

46. *Idem, ibidem*, p. 398: "O. Pöggeler schlägt vor, das 'nördlich der Zukunft' als eine Todesland zu verstehen, da von dem 'ungreifbaren Abgrund' des Todes her jede auf uns zukommende Zukunft schon überholt sei – eine Radikalisierung

o tema "místico" da morte e da ressurreição, pois pesquisar alusões bíblicas ou místicas seria recorrer a um "método hermenêutico" que não provém do próprio poema ou da tradição poética e, assim, seria um caso de compreensão do poema a partir de fatos privados e banais externos. Sem essas alusões, porém, o hermeneuta vai se perdendo nos poemas de Celan:

VON UNGETRÄUMTEN geätzt,
wirft das schlaflos durchwanderte Brotland den Lebensberg auf.

[CORROÍDA PELO NÃO-SONHADO
a terrapão atravessada insone cava, elevando, o monte da vida]

Como se ele pudesse interpretar "monte da vida" sem alusões externas ao poema; sem recorrer aos versos da Gênesis!

WEGE IM SCHATTEN-GEBRÄCH
deiner Hand.
aus der Vier-Finger-Furche wühl ich mir den
versteinerten Segen

[CAMINHOS NAS DOBRAS-DE-SOMBRAS
de tua mão.
Do sulco dos quatro dedos escavo a
bênção petrificada]

Gadamer comenta imediatamente após a reprodução desse poema em seu livro: "Por princípio hermenêutico, começo com a linha final acentuada. Pois é nessa linha que reside manifestamente o cerne desse pequeno poema. Ele fala de uma 'petrificada bênção' (...). O 'sulco de quatro dedos' é, por fim, a dobra transversal contínua que reúne os quatro dedos em contraposição ao polegar. Como tudo isso é estranho".[47] Não, dever-se-ia dizer ao Sr. Gadamer, nada disso

der menschlichen Gruderfahrung, die es nötig machen würde, das Du als den Todesgedanken zu verstehen, der allem Dasein sein Gewicht gibt".

47. GADAMER, Hans-Georg. "Wer bin ich und wer bist du?" (1986), cit., p. 405: "Nach hermeneutischem Grundsatz beginne ich mit der betonten Schlußzeile. Denn darin liegt offenbar der Kern dieses kurzen Gedichtes. Es spricht von

é estranho para quem não se atém meramente à tradição poética ou ao sentido exclusivamente interno do poema. De quem é, então, esta mão? Ora, basta olhar concretamente para os dedos da jovem e notar o "anel de fátima", a *hamtza*, o símbolo mítico oriental que adorna simbolicamente os cemitérios medievais de Praga para percebermos que falamos aqui, na verdade, de morte e de esperança.

SCHLÄFENZANGE,
von deinem Jochbein beäugt. Ihr Silberglanz da,
wo sie sich festbiß:
du und der Rest deines Schlafs – bald
habt ihr Geburtstag.

[PINÇA DE TÊMPORAS
olhada alerta por teu malar.
Seu brilho de prata lá onde crava suas garras: tu e o resto de teu sono – logo aniversariam].

Novamente em erro: "É claro que se trata aqui do clamor da idade, um clamor ao qual o poeta responde. As 'pinças de têmporas' referem-se às têmporas encanecentes que indicam a idade que se aproxima e que se abate sobre nós inexoravelmente".[48] E ainda: "Pois, que aniversário é esse? O que será lembrado e festejado nele? O dia da 'alegria da existência' (...)? Mas existência de quem? Escutar-se-á corretamente, quando se entender: existência de quem se conhece, de quem se aproxima de si mesmo, da existência a que sua finitude é interna. Estar maduro é tudo".[49] Não, novamente não é correta essa

'versteinertem Segen' (...). Die 'vier-Finger-Furche' nun ist die durchgehende Querfalte, welche die vier Finger im Unterschiedzu dem Daumen in einer Einheitzusammenfaßt".

48. GADAMER, Hans-Georg. "Wer bin ich und wer bist du?" (1986), cit., p. 408: "Es ist klar, daß es sich hier um den Anruf des Alters handelt, auf den der Dichter antwortet. Die 'Schläfenzange' meint die ergrauende Schläfe, die das herannahende Alter anzeigt, unerbittlich zugreifend wie eine Zange".

49. *Idem, ibidem,* p. 409: "Denn was ist das für ein Geburtstag? Was wird da erinnert und gefeiert? Der Tag der 'Existentialfreudigkeit'? Aber von wessen Existenz? Man wird richtig hören, wenn man versteht: der sich wissenden, der sich annehmenden, der Existenz, die ihrer Endlichkeit inne ist. Reif sein ist alles".

interpretação. Para entender o poema é preciso recorrer à leitura de Gershon Scholem,[50] buscando vivências do leste europeu, eslavas ou da mística cabalista: o aniversário em questão, só então se verá, é o da Schechina. Gadamer aqui mais uma vez discordará erroneamente de Pöggeler: "Em um artigo interessante, Pöggeler apresentou a tese de que o tu e o resto de seu sono apontariam para Schechina e seu nascimento. Não há uma palavra sobre isto no poema".[51] No entanto, é essa a interpretação correta do poema: ele remete às dores do parto da era messiânica, uma vez que Schechina é a noiva espiritual de Deus na mística judaica, sendo considerada o aspecto feminino de Deus.[52] No século passado, Heidegger, ao reformular a fenomenologia de Husserl e a hermenêutica de Dilthey, atentava para o fato de que interpretar não é interpretar textos, mas sim interpretar a si mesmo.[53] Ora, por que não podemos interpretar a Celan como ele existencialmente se compreendia? Qual era o ser existencial de Celan? Não devemos levar em consideração – ou melhor, devemos esquecer o mais rápido possível – que em Maio de 1967, ainda sobre supervisão do hospital psiquiátrico e se preparando para viajar para Totnauberg, Celan estava lendo sobre a Kabbala em Gershom Scholem – em *Zur Kabbala und ihrer Symbolik* e *Von der mystischen Gestalt der Gottheit* – e fez anotações em *yidish* justamente sobre Schechina?[54] A tentativa de entender Celan existencialmente apenas reforça o convencimento do acerto dessa interpretação de seu poema.

50. SCHOLEM, Gershom. *Von der mystischen Gestalt der Gottheit: Studien zu Grundbegriffen der Kabbala.* Zürich: Rhein Verlag, 1962. E também: *Idem. Zur Kabbala und ihrer Symbolik.* Franfurt am Main: Suhrkamp, 1981. Assim como: *Idem. Ursprung und Anfänge der Kabbala.* New York; Berlin: de Gruyter, 1962. p. 158 e ss.

51. GADAMER, Hans-Georg. "Wer bin ich und wer bist du?" (1986), cit., p. 446: "Pöggeler hat in einem interessanten Aufsatz die These aufgestellt, das Du und der Rest seines Schlafs stehe für die Schechina und ihre Geburt. Davon steht kein Wort in dem Gedicht".

52. SOLON, Ari Marcelo. *Direito e tradição: o legado grego, romano e bíblico.* Rio de Janeiro: Elservier, 2009. p. 159.

53. HEIDEGGER, Martin. *Sein und Zeit*, cit., p. 148-153.

54. LEBOVIC, Nitzan. "Near the End: Celan, between Scholem and Heidegger". *The German Quarterly*, vol. 83, n. 4, p. 467, 2010.

DU LIEGST im großen Gelausche, umbuscht, umflockt.
geh du zur Spree, zur Havel, geh zur der Fleischerhaken, zu den roten Äppelstaken aus Schweden –
Es kommt der Tisch mit den Gaben er biegt um ein Eden –
der Mann ward zum Sieb, die Frau mußte schwimmen, die Sau,
für sich, für keinen, für jeden –
der Landwehrkanal wird nicht rauschen.
Nichts stockt.

[TU JAZES em grande escuta cercado de arbustos, de flocos.
Vai ao Spree, vai ao Havel
vai aos ganchos de açougueiro, às varetas vermelhas das maçãs
Da Suécia.
Chega a mesa com oferendas, ela contorna um Éden –
Do homem fez-se peneira, a mulher Precisou nadar, a porca,
Para si, para ninguém, para todos – O canal Landwehr não vai murmurar. Nada
Estanca.]

Gadamer pontua, imprecisamente: "Que se trata de Berlim, qualquer um pode reconhecer em Spree e Havel".[55] Não, não se trata de Berlin, trata-se do assassinato político de dois revolucionários socialistas arrastados pelo canal do Spree. Trata-se da morte de uma utopia! Trata-se da morte dos resistentes alemães, os aristocratas que se rebelaram contra Hitler e foram pendurados em ganchos de açougueiro, enforcados em cordas de piano por terem atentado contra a vida de Hitler em 20 de julho de 1944 com uma bomba na Toca do Lobo, em Wolfsschanze. Este é o *topos* concreto! Gadamer segue Hegel, mas não a interpretação francesa de Hegel que seguimos, aquela que viu que algo começou há 2.500 anos na Jônia e terminou em 1806 em Jena: a entrega dos direitos humanos por Napoleão a Hegel, o que muda o curso da história; direitos humanos pelos quais a "porca" foi morta no *Landwehrkanal* em 1919 e que fizeram, por fim, que o Conde von Stauffenberg, grande discípulo do poeta simbolista George, querido por Gadamer, fosse fuzilado e outros conspira-

55. GADAMER, Hans-Georg. "Wer bin ich und wer bist du?" (1986), cit., p. 437: "Daß es sich um Berlin handelt, kann jeder an Spree und Havel erkennen".

dores, pendurados em ganchos de açougueiro em Plotzennsee. Mas para Gadamer, como se viu, não se precisa saber de nada que seja "privado" e "efêmero".

5. O conservadorismo gadameriano

Concordamos com Gadamer em sua afirmação de que não há um método hermenêutico, mas rejeitar qualquer conhecimento externo ao poema e restringir-se à tradição poética na interpretação é, como tentou aqui se demonstrar por meio de diversos poemas, um equívoco, o qual Gadamer repete inclusive na conclusão de seu opúsculo: "Celan foi um verdadeiro poeta que percorreu o caminho até o sopro de cristal. (...). Ele contava manifestamente com o fato de a experiência universal humana na qual as atrocidades de nossa época adentram e o saber que é adquirido mais ou menos por todos aqueles que não se fecham totalmente para essas coisas descortinariam seus poemas. Quer sem método ou com todos os métodos – isso dificilmente o teria incomodado. E é mesmo uma experiência inegável a de que esse poeta hermético, de quem nenhum homem razoável afirmaria entender todos os poemas – tal como se compreende hoje, por exemplo, os poemas de Goethe – é lido por milhares de pessoas, porque elas o experimentam como poesia".[56] Assim, Gadamer acredita que a alegoria e a metáfora não têm mais lugar na poesia ou na sua interpretação, porque elas pressupõem um consenso prévio e, no mundo contemporâneo, a poesia profana não mais o pressupõe ou, melhor, pressupõe um consenso que ainda está para surgir. Ele, embora proponha uma hermenêutica universal que superaria todos

56. GADAMER, Hans-Georg. "Wer bin ich und wer bist du?" (1986), cit., p 449-450: "Und da meine ich, Celan war ein wirklicher Dichter, der mühsam und entbehrungsvoll, ja vielleicht bußfetig den Weg zum Atemkristall gewandert ist. (...). Er rechnete offenbar darauf, daß die allgemeine menschliche Erfahrung, in die die Furchtbarkeiten unserer Epoche eingegangen sind, und das Wissen, das mehr oder minder von allen erworben wird, die sich solchen Dingen nicht überhaupt verschließen, seine Gedichte aufschließen. Ob ohne Methode oder mit allen Methoden – das hätte ihn schwerlich beunruhigt. Est ist ja auch eine unleugbare Erfahrung, daß dieser hermetische Dichter, von dem kein vernünftiger Mensch behaupten wird, daß man alle seine Gedichte verstehe – so wie man heute etwa Goethes Gedichteversteht –, trotzdem von Tausenden gelesen wird, weil sie es als Dichtung empfinden".

os métodos hermenêuticos e suas subdivisões, cinde a interpretação sacra da profana: bastar-lhe-ia, por exemplo, na ultra-católica Freiburg, perguntar aos padres que acompanhavam os seminários do "místico" Heidegger o que era a "mão de fátima" para que ele tivesse entendido Celan. Para ele isso seria inaceitável e, por isso, o que nos parece inaceitável é sua própria interpretação. Falta-lhe a radicalidade que encontramos nos próprios autores que inspiraram a filosofia hermenêutica: moderado, absorto em um excesso de urbanidade e de civilidade – em oposição, por exemplo, ao tosco aldeão da Suábia que fora seu mestre – não conseguiu Gadamer romper com a tradição, com o peso excessivamente forte da evolução histórica, que deve ser considerado, porém não deve, como ele o faz, ser trasladada ao posto de único recurso hermenêutico.

As implicações desse erro de Gadamer impossibilita que acatemos na totalidade sua hermenêutica e, assim, que concluamos a investigação que aqui se propôs, vez que seu apego à tradição resulta em um conservadorismo que deve ser aqui rejeitado. No prefácio à terceira edição de sua obra, Gadamer tentará defender-se dos ataques de Habermas, de que ele "inferiria o significado fundamental da compreensão a partir da vinculação à linguagem de todo o entendimento e consenso e, assim, legitimaria um preconceito social em favor das relações existentes":[57] embalde. Gadamer de fato trabalha com uma noção problemática de consenso, equiparando, de certa forma, compreensão e consenso, o que ele próprio concede: "Toda compreensão linguística pressupõe não só um puro consenso sobre o significado das palavras e as regras da língua falada. Mais, resta ainda em relação a todas as coisas que podem ser discutidas com sentido muito de não controverso".[58] Habermas[59] vê com razão a importância

57. GADAMER, Hans-Georg. *Wahrheit und Methode II*. 2. Aufl. Tübingen: J. C. B. Mohr, 1993. p. 465: "(...) dass ich angeblich aus der Sprachgebundenheit alles Verstehens und aller Verständigung die grundlegende Bedeutng zugunsten der besteheden Verhältnisse legitimiere".

58. *Idem, ibidem*: "Alle sprachliche Verständigung setzt nicht nur rein Einverständnis über die Wortbedeutung und die Regeln der gesprochenen Sprache voraus. Vielmehr bleibt auch im Hinblick auf die 'Sachen' in allem, was sinvoll diskutiert werden kann, vieles unumstritten".

59. HABERMAS, Jürgen. *Zur Logik der Sozialwissenschaften*. Frankfurt: Suhrkamp, 1982. p. 331-365.

inestimável da obra como uma alternativa ao neopositivismo lógico na avaliação do papel na linguagem, mas apresenta ainda "um" problema: o consenso pode ser distorcido sistematicamente pela força e pela coerção nas relações sociais de poder. A resposta gadameriana é enfatizar a habilidade hermenêutica de lidar com fatores ideológicos e sociais, mas, como se viu na sua leitura da obra de Celan, Gadamer não sabe lidar bem com problemas "ideológicos". Tudo o que é social e existencial, contra a tradição linguística, ele considerará como fatores de erudição estranhos à compreensão linguística: é a velha tradição do classicismo a que o autor se apega como medida para interpretar uma obra de arte – mas uma "fusão de horizontes" não precisa necessariamente indicar um consenso com a tradição! Ainda em sua defesa Gadamer acusa a teoria crítica de ser iluminista e tomar partido da ciência metodológica contra a hermenêutica e, mais, de a própria *praxis* da teoria crítica levar à coerção social – ele alerta, então, para o paradoxo de uma teoria crítica a serviço da coerção social: "Marx, Mao und Marcuse não têm, com certeza, um diálogo racional e não forçado para agradecer por sua popularidade".[60]

Não é o caso aqui de se tomar partido a favor ou contra o Iluminismo, tampouco de julgar livre de problemas a teoria habermasiana, mormente no tema acerca do consenso. O problema maior que se afigura diante da proposta deste trabalho é o conservadorismo de uma teoria hermenêutica que poderia desenvolver uma tarefa crítica emancipatória como preconizado no fim do século XIX e não o fez. Tem-se, portanto, que continuar a buscar elementos que perfaçam a hermenêutica que foi no passado com tanto furor e tantas vezes anunciada e em lampejos vislumbrada, mas que Gadamer, seu apego classicista à tradição e seu mau juízo acerca da tradição da hermenêutica jurídica não puderam levar a cabo: resta-nos, portanto, procurar os verdadeiros herdeiros da hermenêutica progressista e revolucionária dos românticos e de Savigny, que não negligenciaram a crítica social externa e a reflexão crítica. Resta-nos buscar refúgio no verdadeiro refúgio da consciência jurídica.

60. GADAMER, Hans-Georg. *Wahrheit und Methode II*, cit., p. 466: "Marx, Mao und Marcuse (...) haben ihre Popularität gewiss nicht dem 'rationalen zwangsfreien Gespräch zu verdanken".

CAPÍTULO IV

O ASILO DA HERMENÊUTICA LIVRE DE 1800 NO SÉCULO XX: VIVÊNCIA (IM)PURA DO DIREITO

Topologia? Certamente.
No entanto, à luz da Utopia.[1]

Os ecos do primeiro romantismo podem ser percebidos em construções jurídico-acadêmicas do século XX. Ao contrário do senso comum[2] que se costuma reverberar sobre a doutrina pura do

1. Toposforschung? / Gewiß! Aber im Lichte des zu Erforschenden: im Lichte der U-topie. CELAN, Paul. *Meridian und andere Prosa.* 1. Aufl. Frankfurt am Main: Suhrkamp, 1988. p. 55-62.

2. Sobre as incontáveis rotulações que vem sido impingidas à doutrina pura do direito, vale consultar: Hans Kelsen Reine Rechtslehre: Eine einführung". JESTAEDT, Matthias. "Hans Kelsens Reine Rechslehre. Eine Einführung". In: KELSEN, Hans. *Reine Rechtslehre.* Hrsg. von Matthias Jestaedt. Tübingen: Mohr Siebeck, 2008. p. XII-XVI. Logo de início, Jestaedt apresenta, criticamente, as diferentes adjetivações associadas a doutrina pura, sob o subtítulo "Lendas invés de Leituras" (Legende statt Lektüre).

direito,[4] reiteradamente a associá-la ao *formalismo hermenêutico*, é possível avistar na teoria da interpretação jurídica de Hans Kelsen o esboço de uma hermenêutica livre, descritivamente adequada, bem como se faz possível enxergar na prática contínua de Kelsen como jurista indicativos para o desenvolvimento da mesma hermenêutica livre num registro crítico-prescritivo.

Neste capítulo, partiremos da vivência de Hans Kelsen rumo à teoria oculta da interpretação jurídica da Escola de Viena, visitando e desenvolvendo fenomenologicamente o principal instrumento oferecido pela doutrina pura para o enfrentamento do problema da interpretação jurídica: o teorema da moldura.[5]

Adiante, procuraremos encontrar nas contribuições do jurista ítalo-brasileiro Tullio Ascarelli elementos suficientes para a sistematização final desta nossa tentativa de oferecimento de uma hermenêutica jurídica livre, tendencialmente progressista. Ascarelli sobe sobre os ombros do gigante Hans Kelsen e consegue enxergar além, permitindo colocar em xeque a própria percepção do problema da interpretação jurídica como simples problema da aplicação de normas a casos.

1. A teoria oculta da interpretação jurídica na doutrina pura do direito

1.1 Primeira estação: comentários de Hans Kelsen à decisão do Staatsgerichtshof (1932)

20 de julho de 1932. *Golpe de estado da Prússia* (*Preussenschlag*). Von Papen, o primeiro ministro conservador do governo federal, suspende o governo socialista de Braun-Severing, subtraindo

4. Possivelmente o maior empreendimento sistemático da história recente do pensamento jurídico. Veja-se Losano, Mario G. *Teoria pura del derecho: evolucion y puntos cruciales*. Traducción de Jorge Guerrero R. Santa Fe de Bogota: Editorial Temis, 1992.

5. "The frame theorem is the core of the Vienna Scholl theory of interpretation". Kammerhofer, Jörg. *Uncertainty in international law: a Kelsenian perspective*. London: Routledge, 2011. p. 106.

à Prússia democrática, o principal estado da federação (*Bundesland*), a autonomia administrativa.

25 de outubro de 1932. Decisão do Tribunal Constitucional Alemão (*Verfassunsgerichtshof*) sobre demanda do estado-membro da Prússia e do Partido Social Democrata em face da União (defendida, no caso, por Carl Schmitt, o *Kronjurist*).[6] Determina-se a constitucionalidade da "medida emergencial" (*Notverordnung*) do gabinete conservador, podendo o chanceler federal nomear um interventor para Prússia, suspendendo-lhe competências atribuídas pelo documento constitucional de 1919 (intervenção federal limitada à retirada de competências executivas e não legislativas do estado-membro).

Novembro de 1932. Na revista socialista *Die Justiz*, o *hermeneuta* Hans Kelsen (1871-1973) comenta a referida decisão em artigo intitulado "Das Urteil des Staagsgerichtshofs".[7] Revela-se, ali, não pela única, nem mesmo pela primeira ou última vez, o inaugurador do projeto teórico conhecido como doutrina pura do direito (*reine Rechtslehre*) como combativo fautor do direito livre – que ele mesmo insistia em dar a conhecer como orientação política e não metodológica.

Apenas ao final dos comentários críticos dirigidos por Kelsen à decisão do *StGH*, joga algum papel a hoje conhecida "teoria" kelseniana sobre a interpretação jurídica: a teoria oficial da moldura (*Rahmen*) normativa, que é apresentada definitivamente nas escassas páginas do capítulo VIII da segunda edição da *Reine Rechtslehre* de 1960[8] e pode ser lida como revestimento metodológico de uma

6. Veja RÜTHERS, Bern. *Carl Schmitt im Dritten Reich: Wissenschaft als Zeitgeist-Verstärkung?* C. H. Beck, 1989.

7. KELSEN, Hans. "Das Urteil des Staatsgerichtshofs vom 25 Oktober 1932". *Die Justiz*, Berlin, t. 8, p. 65-91, nov.-dez. 1932. Caderno 2/3.

8. "Das anzuwendende Recht bildet in allen diesen Fällen nur einen Rahmen, innerhalb desses mehrere Möglichkeiten der Anwendung gegeben sind, wobei jeder Akt rechtmässig ist, der isch innerhalb dieses Rahmens hält, den Rahmen in irgendeinem mögliche Sinn ausfült (...) Versteht man unter Interpretation die erkenntnismässige Feststellung des Sinnes des su interpretierenden Objektes, so kann das Ergebnis einer Rechtsinterpretation nur die Feststellung eines Rahmens sein, den das zu interpretierende Recht darstellt, und damit die Erkenntnis mehrerer Möglichkeiten, die innerhalb dieses Rahmens gegeben sind." KELSEN, Hans. *Reine Rechtslehre*. 2. Aufl. Wien: Franz Deuticke, 1960.

prática militante ininterrupta pelo direito livre. Como uma tentativa de purificação teórica – metodológica – de uma vivência sabidamente impura do direito, no âmbito de uma pretensa ciência *jurídica* (método) do direito (objeto).

O relativismo metodológico que admite a elasticidade da moldura logo cede lugar – sem ser por ela aparentemente superado ou contrariado – à autêntica interpretação de um protagonista da vivência do direito (ainda que, no caso, não levada a cabo por um órgão jurídico, mas por um "cientista"!).

Adotando-se uma interpretação dita extensiva do dispositivo da legislação, constitucional de Weimar sobre as "medidas emergências", tal qual a levada a cabo pelo *StGH,* em favor do Reich, não haveria que se falar em "unuberschreittbare Grenzen",[9] isto é, em inultrapassáveis limites constitucionais à intervenção federal, decorrentes dos artigo 48/II do documento constitucional do Reich, que estava em jogo naquele caso constitucional. Todas as competências

p. 348-349. Talvez ainda mais incisivas sejam as anotações de Adolf Merkl, o mais ortodoxo dos discípulos de Hans Kelsen e autêntico gênio criativo da Stufenbaulehre, ao registra a inifinitude de possibilidades decisórias oferecidas pelas molduras do direito positivo: "Es ist eine haltlose Behauptung, dass ein jeder Akt der Rechtsprechung in seiner Form und in seinem Inhalt von der Norm derart vorher bestimmt sei, das eine Variationsmöglichkeit in den bezeichneten Beziehungen nicht bestehe (...) Und es ist geradezu das Symptom des denkenden Rechtsanwenders, dass sich das Bewusstsein seiner Wahlmöglichkeit und das Bewusstsein möglichst vieler Möglichkeiten, zwischen denen er zu wählen hat, zuverlässig einstellt. Wie denn, anders, wo die Lösung zwar notwendig jedesmal eine einzige, die Zahl der Lösungmöglichkeiten jedoch, wie sehr auch die Ermessensfreiheit eng sein mag, um Grunde immer unendlich ist?" MERKL, Adolf. *Die Lehre der Rechtskraft*. Leipzig: F. Deuticke, 1923. p. 117.

9. "Interpretiert man Art. 48/II in diesem *extensiven* Sinne, dann ist es kaum möglich, von *unuberschreitbaren Grenzen* bei der Anwendung des Art. 48/II zu sprechen. Denn wenn durch eine Massnahme im Sinne des Art. 48/II auch die Zuständigkeitsgrenzen zwischen dem Recht und den Ländern augehoben werden können, dann gibt es überhaupt keine irgendwie in Betrach kommenden Grenzen und dann bedeutet Art. 48/II nicht nur die Möglichkeit, gewisse in ihm taxativ augezählten Artikel des zweiten Teils der Reichsverfassung, sondern auch die entscheidenden Vorschriften des ersten Teiles, soweit sie die Stellung der Länder btereffen, ausser Kraft zu setzen." KELSEN, Hans. "Das Urteil des Staatsgerichtshofs vom 25 Oktober 1932", cit., p. 74.

de um estado-membro poderiam ser eliminadas no caso de utilização do instrumento de intervenção, a prevalecer aquela interpretação.

Em um exercício de chamada interpretação restritiva, por outro lado, tal qual aquele realizado, no caso, pelo estado democrático da Prússia, há que se avistar limites no documento constitucional e a execução federal não pode proceder a um traslado de competência constitucionalmente atribuída ao Estado Membro em favor do Reich.

Os dois *topoi* hermenêuticos são igualmente plausíveis, nas pistas da doutrina pura do direito. O intérprete autêntico está autorizado a escolher qualquer uma das duas possibilidades decisórias para o caso em questão: a advogada por Carl Schmitt ou a defendida pelo estado social-democrata da Prússia. "No âmbito da larga moldura normativa do artigo 48 da Lei Fundamental de Weimar, a interpretação veiculada pela medida emergencial de 20 de Julho não é menos plausível" que a interpretação a ela contraposta pela Prússia democrática.[10] Na vasta moldura cabem as duas interpretações reciprocamente excludentes: extremas e totalmente opostas. A extensiva da ditadura e a restritiva da democracia... Não haveria mesmo um método hermenêutico capaz de assegurar específica resposta aos problemas jurídicos.

Terminamos. Assim se desfecha a doutrina pura do direito, apontando para o papel determinante da vontade do intérprete na construção da "norma individual" que acrescentará novo degrau na construção escalonada constante do direito. Podemos, então, virar a pagina? Creio que não.

Convém atentar para a reflexão crítico-social desenvolvida por Hans Kelsen sobre o significado de cada uma destas escolhas. Kelsen sugere, explica, interpreta politicamente, sociologicamente e mesmo jurídico-dogmaticamente que a "*sinngemässe Interpretation*",[11] a

10. "Innerhalb des weiten Rahmens des Art 48 ist die Interpretation, die in der Verordnung von 20. Juli zum Ausdruck kommnt, nicht weniger plausibel als die des Staatsgerichtshofts" (...). KELSEN, Hans. "Das Urteil des Staatsgerichtshofs vom 25 Oktober 1932", cit., p. 91.

11. "Der Staatsgerichtshof täuscht sich eben, wenn er von *blosser* Verschiebung der Zuständigkeit, wenn er von Vorschriften der Recihsverfassung spricht, die *lediglich* die Zuständigkeit des Reichs gegenüber den Ländern

interpretação conforme o documento constitucional alemão é a do demandante e não a da União. Kelsen combate pela interpretação democrática. Livre.

A concretização judicial da interpretação segundo a qual a Decreto de 20 de Julho seria constitucional, que pode ser, no caso, traduzida como idêntica àquela sustentada por Carl Schmitt, para quem o *Führer* seria o "Guardião da Constituição" (*Der Hüter der Verfassung*),[12] significaria – observe-se a retórica política do inaugurador da Doutrina Pura – nem mais e nem menos que a superação/aniquilamento dos dois princípios organizatórios fundamentais da Constituição de Weimar: o princípio federativo e o princípio da Democracia".[13]

A decisão de derrubar o poder democrático e social de um estado da federação significa "nem mais nem menos" do que rasgar o documento constitucional de Weimar, aniquilando-o no que tem de mais essencial: os princípios basilares e fundamentais da Federação e da Democracia.

No entanto, como diz William Shakespeare, "Brutus is an honourable man":[14] ambas as interpretações são metodologicamente possíveis, a ditatorial e a democrática. A teoria pura para aí.

Autenticamente, contudo, há que se perceber que "os princípios democráticos e federativos estão ligados inextrincavelmente". Enxertar um interventor federal de um governo conservador em um governo estadual democrático constituiria a composição de uma "societas leonina". A força do poder democrático deve sobrepujar

abgrenzen. Diese Zuständigkteisvorschriften sind die allerwichtigsten Bestimmungen einer Bundesstaatsverfassung." *Idem, ibidem*, p. 76.

12. SCHMITT, Carl. *Der Hütter der Verfassung*. Weimar, 1931.

13. "(...) bedeutet nicht mehr und nich weniger, als dass die beiden organisatorischen Grundprinzipien der Weimarer Verfassung: das Prinzip des Bundesstaates und das Prinzip der Demokratie, fur das grosste deutsche Land auf dem Gebiete der Vollziehung, das erstegenannte Prinzip auch auf dem Gebiete der Gesetzgebung aufgehoben warden." KELSEN, Hans. "Das Urteil des Staatsgerichtshofs vom 25 Oktober 1932", cit., p. 67.

14. "For Brutus is an honourable man; So are they all, all honorable men, -Come I to speak in Caesar's funeral". SHAKESPEARE, William. *Julius Caesar*. Icon Classics, 2005. p. 76.

a intervenção federal "inconstitucional" o outrora maior Estado da federação, ainda não dominado pela "claque" conservadora que iria entregar o poder no ano seguinte a um ditador fascista, torna-se mera província em uma República cujos alicerces constitucionais são a Democracia e a Federação![15] A Prússia deixaria de existir.

Substancialmente, Kelsen realiza uma *reflexão crítica*, tal qual a preconizada em 1800 (!) pelos romantistas do Athanäum e levada adiante por Friedrich Schleiermacher, diante do perigo à Democracia representado pelos poderes ditatoriais conferidos ao Führer e opondo-se ao conservador Von Papen, assessorado diretamente pelo *Kronjurist* Carl Schmitt. Todavia, repita-se, "Brutus is an honorable man": a interpretação da União não é menos plausível... ("*ist nicht weniger plausibel*").

A preferência política, hermenêutica, democrático-social de Hans Kelsen é cristalina. Logicamente, ele ainda estava amarrado a uma metodologia kantiana ultrapassada que separa reflexão teórica de decisão prática (entendimento e vontade). Caso já tivesse expressamente adotado a metodologia pós-kantiana que aparecerá na *Allgemeine Theorie der Normen* (1973), caso tivesse abandonado o ilusório "fanatismo" racionalista por um moderado irracionalismo e um avassalador voluntarismo, tal como aconteceria na obra póstuma, teria podido desembaraçadamente concluir com o Deuteronomista, o precursor do estado social e democrático de direito: "coloquei diante de vocês a vida e a morte, a bênção e a maldição. *Agora escolham a vida*" (Deuteronômio; Cap. 30. Vers. 15 *e* 19).

Como Platão que aborrecia a Hans Kelsen. Como Platão, que tinha uma "doutrina oficial" e uma doutrina secreta revelada nas cartas, Kelsen, ao longo de sua vida, manteve uma raquítica teoria hermenêutica silente e lacunosa, paralelamente a uma rica *praxis* hermenêutica *antiformalista*. É o que se percebe neste caso em que acusa o Presidente da República de Weimar de violar direitos

15. "Das ist wahrlich eine societas leonina. (...) Dieses Land existiert nicht mehr, es ist durch die Massnahme zur Widerherstellung der öffentlichen Sicherheit und O rdnung zu einer direkt vom Reich verwalteten Provinz geworden." KELSEN, Hans. "Das Urteil des Staatsgerichtshofs vom 25 Oktober 1932", cit., p. 83.

fundamentais, de rasgar a o documento constitucional, aniquilando a Federação e a Democracia. As afirmações do *hermeneuta* Kelsen não são, reconheça-se, o ponto de chegada do teórico Kelsen. São o para ele o ponto de partida: mais uma possibilidade dentre outras encontráveis na moldura. O ponto de chegada do *hermeneuta*, contudo, consiste na revelação de "*fragilidade constitucional*", na ausência de mecanismos eficientes para inibir o abuso de poder diante da inexistência de uma corte constitucional com poderes centralizados para fazer frente a uma ditadura do executivo. Tudo isto é contemplado pela hermenêutica de Kelsen que critica a falta de garantias aptas à manutenção do sistema idealizado no documento constitucional. De que adiantaria proclamar a democracia e a federação na ausência de garantias reais e eficazes para manter e construir este sistema?[16] Esta hermenêutica trata da esfera política da Constituição. Critica a "improvisação jurídica" e aponta para uma utopia, para uma República efetivamente democrática e federativa, "eticamente superior" a um estado "radicalmente centralizado".

Como sabido, a hermenêutica livre de Hans Kelsen não teve forças para salvar a Constituição de Weimar da ofensiva antidemocrática dos hermeneutas conservadores. Pelos caminhos da referida improvisação tornou-se possível celebrar a entrega do poder, em 30 de janeiro de 1933, pelo antigo Marechal do Reich e autor das medidas ditatoriais criticadas por Kelsen, a um "autêntico soldado alemão, a um soldado político".[17]

16. "Die Wurzel des Übels liegt in der technischen Unzulänglichkeit der Weimarer Verfassung selbst. Diese hat ein sehr kompliziertes bundesstaatliches System wohl abgewogener Kompetenzverteilung zwischen Reich und Ländern geschaffen, aber es nicht für nötig gehalten, wirksame Garantien zur Aufrechterhaltung dieses Systems einzubauen." KELSEN, Hans. "Das Urteil des Staatsgerichtshofs vom 25 Oktober 1932", cit., p. 89.

17. "Daher soll man sich hüten, durch urststurzte Verfassungsreformen eine solche neue Legalitet zu schaffen, die in Wirklichkeit nur ein Hindernis fur eine angemessene Weiterentwicklung unseres Verfassungslebens werden müsse. Der bessere, der mehr schopferische Weg, der öffengehaltend werden müsse, sei der der Improvisation." SCHMITT, Carl. *Uber die drei Arten des rechtswissenschaftlichen Denkens*. Hamburg: Hanseatische Verlaganstalt, 1934. p. 49.

1.2 Segunda estação: a atuação de Hans Kelsen no caso da Dispensehe

Talvez o mais decisivo dos momentos da atuação de Hans Kelsen como juiz constitucional[18] possa ser avistado em voto ainda minoritário proferido no ano de 1926,[19] no primeiro de uma série de casos comumente designados como "caso da *Dispensehe*". A interpretação livre do *hermeneuta* Kelsen, interpretando e julgando como intérprete autêntico, no exercício da judicatura, funda-se talvez em razões que ele mesmo, enquanto teórico, alcunharia por preponderantemente ético-politicas e não propriamente jurídicas.[20]

> "No VfSlg Nr 726/1926 trata-se de um caso de dispensa de impedimento para matrimônio que culmina com a rejeição do pedido de instauração de um conflito de competências positivo, tendo o demandante postulado que o tribunal, ao revogar a dispensa revestida de coisa julgada administrativa, agiu de modo inconstitucional, ultrapassando os limites de sua competência. O tribunal constitucional negou o conflito, agindo de acordo com

18. Sobre a vivência de Hans Kelsen como juiz constitucional: WALTER, Robert (Hrsg). *Hans Kelsen als Verfassungsrichter*. Wien: Manzsche Verlags- und Universitätsbuchhandlung, 2005. (Schriftenreihe des Hans Kelsen-Instituts, Bd. 27).

19. Hans Kelsen relembra o episódio em sua Autobiografia, em 1947. KELSEN, Hans. "Autobiographie" (1947). In: JESTAEDT, Matthias; HANS KELSEN-INSTITUT (Eds.). *Hans Kelsen Werke*. Mohr Siebeck Gmbh & Co., 2007. vol. 1, p. 71-81.

20. Não foram poucas as vezes que Hans Kelsen carimbou como sendo política e não metodológica a orientação do Freirechtsbewegung. Exemplarmente, veja-se: "A judicial decision is not an act of thinking but an act of will; and the difference between a judicial process bound, and a judicial process not bound, by pre-established general norms is not a difference between two legal sciences, but between two legal techniques postulated by two opposite legal policies. The legal policy according to which judicial decisions should not be bound by pre-established general norms has been advanced in Germany by the so-called *free-law* movement. The opposition between those who prefer the one and those who prefer the other policy is almost as old as the law itself. Whether a legal system corresponds to the one or to the other legal policy, the science describing the system, that is, an objective science of law, can fulfil its function only by forming and applying abstract concepts, such as law, obligation, right, sanction, jurisdiction, judicial decision and so on. The so-called existential theory of law is a mixture of a natural-law doctrine and the legal policy of the old free law movement." HANS, Hans. "Existenzialismus und Rechtswissenschaft". Review of Gabriel Cohn. *American Journal for International Law*, vol. 53, p. 719, 1959.

sua competência. Não caberia ao tribunal constitucional rever a decisão judicial do tribunal inferior. A questão de se saber quem é competente, o tribunal ou a administração, não vem ao caso em uma questão sobre a *invalidade* do casamento, que compete apenas ao judiciário."[21]

Contrariamente aos cânones da hermenêutica de Hans-Georg Gadamer, é necessário discutir o contexto em que se inseria o acórdão supracitado,[22] a fim de evitar eventuais precipitações desatentas à peculiaridade de que o Brasil contemporâneo difere da República Austríaca de 80 anos atrás.

A República austríaca era um país onde "o bispo que morava no Castelo" influenciava a vida quotidiana do povo. Esta expressão foi cunhada por Sigmund Freud na véspera de sua captura pelos nazistas, em 1938.[23] O pai da psicanálise havia recém escrito um livro em torno de *Moisés, o príncipe egípcio*. Um livro historicamente duvidoso, mas que revela cabalmente a hermenêutica de Gadamer. Freud parte da tradição lírica goetheana, no âmago da qual um verso perdido dizia ser Moises verdadeiramente egípcio, para, após estudos filológicos aprofundados (Moisés=RAMSÉS) atacar o herói do Antigo Testamento. O doutor da Berggasse 19 temia em 1938 mais pelas investidas do poder clerical contra sua obra do que diante da iminente invasão nacional-socialista.

21. Walter, Robert (Hrsg). *Hans Kelsen als Verfassungsrichter*, cit., p. 59-60.

22. Minuciosa discussão sobre os bastidores e o desenvolvimento do caso da Dispensehe pode ser encontrado em cf. Neschwara, Christian. Hans Kelsen und das Problem der Dispensehen. In: Walter, R.; Ogris, W.; Olechowski, T. (Hrsg.). *Hans Kelsen*: Leben – Werk – Wirksamkeit. Manz'sche Wien, 2009. p. 249-268. (Schritenreihe des Hans Kelsens-Instituts, Kelsen Reihe, Bd. 32). No Brasil, a decisão foi explicada, com detalhes, em Jansen, Letacio; Mannheimer, Marcia Latge. Notas sobre o livro "Hans Kelsen – Vida e obra", de Rudolf Alladar Metall. *Revista de Direito da Procuradoria Geral do Estado*, Rio de Janeiro, vol. 49, p. 145 e ss., 1996.

23. Veja-se Freud, Sigmund. *Der Mann Moses und die monotheistische Religion*. 1938. Merecem menção, por oportunos, os trabalhos de Jan Assman nesta temática Assmann, Jan. *Moses der Ägypter: Entzifferung einer Gedächtnisspur*. 5. Aufl. Frankfurt am Main: Fischer Taschenbuch, 2004 e Der Fortschritt in der Geistigkeit. Sigmund Freuds Konstruktion des Judentums. *Psyche*, vol. 56, n. 2, p. 154-171, Febr. 2002.

Na mesma República austríaca descrita por Freud, o Partido Social-Cristão bloqueava as reformas dos partidos liberais e socialistas, notadamente no âmbito do direito de família. Naquilo que aqui de perto interessa: havia um costume típico da República alpina para acomodar interesses de milhares de seus habitantes desejosos da separação matrimonial segundo o qual o Partido Social-Cristão abria temporariamente mão da pasta que cuidava das invalidades administrativas do matrimonio, de modo que, com a conivência de todos, pudessem ser concedidas milhares de invalidades administrativas de matrimônio (*Dispensehe*), por meio das quais se desconstituía um primeiro matrimônio, autorizando-se um segundo, durante a tal "licença" do titular da pasta.

Quando, contudo, o Partido Social-Cristão tornou-se hegemônico, não só no Parlamento como no Tribunal Constitucional (indicando a maioria de seus ministros), procurou ratificar na Judicatura uma mudança de postura política contra o costume até então em vigor, decretando a invalidade de milhares de dispensas concedidas no passado. Aí é que se insere o acórdão de 26, em que a maioria irá assentar que "não existe conflito entre um tribunal que decreta nula uma decisão administrativa inconstitucional e este mesmo tribunal administrativo". Nesta primeira rodada de judicatura constitucional, Hans Kelsen registrar dissonância minoritária. Para ele parecia claro que "quando um tribunal decide sobre a validade de uma dispensa administrativamente concedida, ultrapassa suas próprias competências", descambando-se para um conflito positivo de competências, já que "tanto o judiciário quanto a administração decidem sobre a mesma questão".[24]

Na qualidade de Relator de novo caso envolvendo a *Dispensehe* no Tribunal Constitucional, Kelsen, por motivos não formais, não

24. "Wenn das Gericht uber die Gültigkeit eines erteilten Dispenses abspricht, uberschreitet es die Grenzen seiner Kompetenz. Sowohl Gericht als Verwaltungsbehörde entscheiden in diesem Fall uber dieselbe Sache. Es konne auch nich beahaputet werde, dass ein Kompetenzkonflikt aus dem Grunde nich vorliegt, weil die Entscheidung der Verwaltungsbehörde in Rechtskraft erwachsen ist. Dadurch, dass sich das Gericht ein Engtscheidungsrechts über die Gultikgeit des Verwaltungsaktes anmass, bricht es eben die Rechtskraft". WALTER, Robert (Hrsg). *Hans Kelsen als Verfassungsrichter*, cit., p. 60.

lógicos, não científico-jurídicos, no sentido da doutrina pura do direito, interpretará, em 1927 (VfSlg 647/1926) a Constituição Austríaca de modo político e livre (sem fundamento expresso na norma superior oferecida pelo documento constitucional) conduzindo a decisão judicial derradeira com frágil maioria de oito contra cinco ministros – todos os vencidos indicados pelo Partido Social Cristão. Na interpretação autêntica de Hans Kelsen, há sim, conflito, de competências entre tribunais e administração e o ato administrativo de dispensa de matrimônio não é nulo, não cabendo aos tribunais anulá-lo, o que representariam invasão de competências administrativas.

Na milenar história da ciência do direito, sabe-se, desde pelo menos Bartolus – que ao decidir um caso difícil primeiro, consultando seu impulso moral, tomava a decisão e depois solicitava ao "assessor" Franciscus de Tigrinus para que lhe arranjasse fundamentos normativos[25] – que a decisão judicial se realiza numa tensão entre racional e arracional.

Quando o julgador é Kelsen, o fundador da doutrina pura do direito, a situação não muda de figura. O bartolista Hans Kelsen – neste sentido, todos somos bartolistas! –, contudo, conjecture-se, não pôde contar com assessoria qualificada e não recebeu, assim, do "estagiário" uma fundamentação suficientemente sólida para a decisão que estava destinado a tomar. A dogmática processualista – à época e ainda hoje – é unânime em não reconhecer formalmente um conflito de competências neste caso. Em livro mencionado em nota de rodapé acima, dedicado à atuação de Kelsen como juiz constitucional,[26] os pesquisadores do Instituto Hans Kelsen, constrangidos, reconhecem o que classificam como "erro" do inspirador do seu Instituto. Defendem ortodoxamente a doutrina oficial kelseniana da interpretação, segundo a qual não seria (científico)-jurídica uma hermenêutica de inspiração ético-politica.

25. "Nach einem Sage soll Bartolus wenig Gedächtnis besessen haben; Franziskus de Tigrinus, sein College, mit dem er in brüderlicher Freundschaft lebte, half ihm aus und gab ihm die Gesetzesstellen an, die er zur Unterstützung seiner Sätze brauche". SAVIGNY, Friedrich Karl von. *Geschichte des römischen Rechtsim Mittelalter*, cit., vol. 4, p. 136.

26. WALTER, Robert (Hrsg). *Hans Kelsen als Verfassungsrichter*, cit., p. 62. Aí se fala em um "unrichtiger Weg" trilhado por Hans Kelsen neste caso.

Hans Kelsen parecia ter perfeita noção de que neste "caso de sua vida" estava agindo à maneira de Bartolo: tomara uma decisão justa que lhe custou não só a presidência do Tribunal Constitucional, como também comprometeu-lhe qualquer possibilidade de seguir na ativa na Áustria dos bispos, tendo, então, de se refugiar na vizinha República de Weimar, mais tolerante com "juízes livres".

A decisão proferida por Kelsen se fundava em considerações de equidade e fugia ao formalismo jurídico que se costuma imputar equivocadamente ao inaugurador da *RR*. Aliás, suposto formalismo em função do qual era unanimemente atacado tanto pela esquerda (vide Hermnan Heller) quanto pela direita (vide Carl Schmitt). Uma decisão que causou tamanha controvérsia política (reforma conservadora do Supremo) e que lhe traumatizou tanto que toda a espinha dorsal da sua obra máxima realista, a *Allgemeine Theorie der Normen*, se revela como uma reflexão teórica a partir deste caso: o que seria, afinal, um conflito de normas? Hans Kelsen passou a realisticamente admitir a possibilidade deste conflito normativo, que negara anteriormente. O que significaria a coisa julgada de um ato administrativo, pensado como vontade e não como juízo? O que seria a analogia senão um ato de poder e não de pensamento? A Teoria Geral das Normas assume as feições de uma velada defesa teórica daquela decisão jurídico-política.

O escândalo público envolvendo Hans Kelsen foi benéfico pelo menos num ponto. Deu ocasião à dissolução do mais reiterado ataque acadêmico a Kelsen, que veio finalmente a revelar a verdade da hermenêutica livre do direito: a vivência jurídica não se deixa reconstruir por caminhos formalistas.[27]

É de se perguntar: como Kelsen reage às acusações de não ser "formalista", de ao ultrapassar os limites formais, adotar uma *interpretação livre do direito, levando adiante um ato puramente*

27. "Dies vor allem deshalb weil Kelsen in diesen Sachen seine zuruckhaltende dogmatisch orienterte Linie aufgibt und einen Weg beschreite (...) den sein Mitsreiter Max Layer als nicht *formalistisch* qualifiziert hat, mit dem der VfgH vielmehr in grosszügiger Weisen über formale Bedenken hinweg geschritten ist und in freier Interpretation eine schöpferische Tat gesetz habe". WALTER, Robert (Hrsg). *Hans Kelsen als Verfassungsrichter*, cit., p. 67.

criador? Reage confessando ter ultrapassado os limites formais na fundamentação da decisão judicial histórica: "que este conflito é, sim, um conflito de competências, revela-se a qualquer perspectiva não puramente formalista".[28] Como se dissesse: "Sim, tenho razão – desde que não adotemos uma hermenêutica formalista!"

1.3 A sétima carta da doutrina pura do direito: a interpretação jurídica em Friz Schreier

Pode-se contra-argumentar asseverando serem esta decisão e o "parecer" travestido de artigo anteriormente comentado (as mais significativas decisões judiciais na biografia do autor!) isoladas e que a teoria de Kelsen é mesmo a teoria formalista há décadas ensinadas aos estudantes de direito – inobstante as parcas palavras do autor em sua própria obra magna: a própria Doutrina Pura do Direito -, é que representam o legado da Doutrina Pura do Direito. Ocorre que, como Platão, repita-se, Kelsen também chancelou uma teoria "autorizada" do círculo de Viena, dada a conhecer não pela própria pena de seu inventor. Assim como Platão insistiu que sua filosofia não se encontrava nos "Diálogos", tal qual maravilhosamente traduzidos pelo fundador da hermenêutica moderna, F. Schleimacher, mas sim na doutrina dos números da controvertida Sétima Carta (seria ela apócrifa?), Hans Kelsen afirmou, de certo modo, que sua teoria hermenêutica é aquela que se encontra descrita no livro de seu discípulo Fritz Schreier: "*Die Interpretation der Gesetze und Rechtsgeschafte*".[29]

28. "(...) dass dieser konflikt ein kompetenz-konflikt ist, ergibt sich fur jede nicht rein formalistische betrachtung aus der Erwagung". Kelsen, Hans. Citado em Walter, Robert (Hrsg). *Hans Kelsen als Verfassungsrichter*, cit., p. 76.

29. Já nas primeiras páginas deste esquecido livro, procura Schreier esclarecer "a relação entre a escola do direito livre e a linha de Kelsen e seus discípulos. Costuma-se tratar ambas as orientações como polos opostos da ciência jurídica moderna, temendo-se inclusive que a ascensão da escola de Viena significaria uma volta do formalismo ultrapassado. Ambos são incorretos. O método formal da escola de Viena não tem nada a ver com formalismo". Schreier, Fritz. *Die Interpretation der Gesetze und Rechtsgeschäfte.* Wien, 1928. p. III. Em artigo posterior, em que responde a algumas das críticas endereçadas a sua obra, Fritz Schreier apresenta-se como porta-voz da doutrina pura – e de Hans Kelsen – para o problema da interpretação jurídica: "Ich (...) mus saber bemerken, dass ich

Tudo aquilo que vinha sido trazido pela escola do Direito Livre no campo de batalhas do Problema da Interpretação Jurídica contra o Formalismo em nada afetaria a doutrina pura do direito, pois até por volta de 1928 – quando Schreier publica a Sétima Carta da Escola de Viena! –, a doutrina pura ainda não havia se manifestado sobre este problema. De modo algum seria possível retirar de qualquer passagem da doutrina pura argumentos favoráveis ao formalismo hermenêutico.[30] A doutrina pura do direito reconhece expressamente a participação de fins e valores na interpretação do direito positivo e acolhe integralmente a abordagem hermenêutica da chamada escola do direito livre no registro descritivo, consistente na constatação de que o direito positivo existente não vincula o "aplicador", que simultaneamente atua como criador do direito ao "aplicar" normas jurídicas (que lhe atribuem poder para decidir).[31]

As teorias tradicionais se repetiam na afirmação de que a interpretação se esgota num ato cognitivo.[32] A hermenêutica tal qual concebida por Hans Kelsen, contudo, trabalha com valores, vontades,

keineswegs die Position der Wiener Schule verlassen habe, wie in einigen Besprechungen behauptet wurde; ich darf vielmehr sagen, dass meine Auffassung von den Vertretern der Wiener Schule geteilt wird. Auch die folgenden Ausführungen können daher als im Namen der ganzen Wiener Schule gesprochen angesehen warden". *Idem*. Freirechtslehre und Weiner Schule. *Die Justiz*, vol. 4, n. 4, p. 322, Apr. 1929.

30. Comparar com: KELSEN, Hans. "Juristischer Formalismus und reine Rechtslehre". *Jurisitsche Wochenschrift*, vol. 58, 1723-1726, p. 1725, Jah. 1929. "Es muss nun mit aller Schärfe gesagt werden, dass die Wiener Schu;e mit Begriffsjurisprudenz gar nichts zu tun hat, dass im Gegenteil die Arbeiten der Wiener Schule und der Freirechtslehre nicht nur nicht in Widerspruch zueinander stehen, sondern durchaus parallel gehen und dass jede andere Meinung auf völligen Verkennen der Arbeiten der Wiener Schule beruht". SCHREIER, Fritz. "Freirechtslehre und Wiener Schule", cit., p. 322.

31. "Im Prozess der Ableitung aus der Ursprungsnorm, der Rechtserzeugung tritt der ‚subjetkive Faktor' hinzu, auf den Merkl hingewiesen hat. Wieder berühren sich die Einsichten der Freirechtslehre aufs engste mit den Erkenntnissen der Wiener Schule. Beide Richtungen sehen, dass das Organ niederer Stufe, insbesondere der Richter, die von ihm aufzustellende Norm nicht einfach aus der höheren Norm entnehmen kann". *Idem*. "Freirechtslehre und Wiener Schule", cit., p. 325.

32. "Sowohl Gesetzgeber als Richter vollziehen emotional Denkakte, wahrend nach der alten Lehre der Richter nur kognitive Denkakte vornham". *Idem*. *Die Interpretation der Gesetze und Rechtsgeschäfte*, cit.

interesses. O que torna possível esta inovação? De um lado, os sistemas filosóficos de Kant e Hegel introduziram a "vontade" como conceito central do direito.[33] De outro, o tratamento filosófico introduzido pela fenomenologia de Edmund Husserl, em que o Valor possui sempre a consciência-de-alguma-coisa como fundante.[34]-[35]

Fritz Schreier procurou mostrar, numa perspectiva fenomenológica, outros "direitos possíveis" emergem na positividade jurídica. Na linha da Escola do Direito Livre, a doutrina pura do direito reconhece o papel de valores e interesses na realização jurídica.[36]

33. "Die Einführung des Wertbegriffs in die Jurisprudenz ist erst neueren Datums, die Bedeutung des Willens- und Zweckmomentes im Recht dagegen hat man oft hervorgehoben. Gerade die klassiche Rechtsphilosophie in der Zeit der Blüte des Idealismus, die Systeme Kants und Hegels sind dadurch charakterisiert, dass sie den Willen im Reht die entscheidende Rolle spielen lassen. Die Definitio Hegels, Recht sei der allgemeine Wille, ist von den Juristen der vorigen Jahrunderten glüubig wiederholt worden". *Idem, ibidem,* p. 9.

34. "(...) wo das Werten ein Sachverhaltsbewusssein als fundierend Unterlage hat". *Idem, ibidem,* p. 11.

35. Os hermeneutas do direito pouco escutaram estas lições de Husserl e do idealismo filosófico, perseverando no relativismo valorativo: mesmo Hans Kelsen, originariamente comprometido com a democracia e com a justiça social, não abandonou, no plano ético-teórico, uma forma de "não cognitivismo ético/ valorativo". Todavia, um santo eslavo introduziu o personalismo fenomenológico de Schreier e Edith Stein na hermenêutica sacra de suas encíclicas: Karol Wojtyla, o papa João Paulo Segundo.

36. As semelhanças e diferenças entre a Doutrina Pura do Direito e a Escola do Direito Livre foram tema de debate em um *Tagung*, ocorrido em outubro de 2011, em Munique, realizado em função do centenário dos Hauptprobleme der Staatsrechtslehre de Hans Kelsen. Convém destacar passagem pertinente dos debates travados na Bavária, registrados em relatório escrito por Matthias Jestaedt: "*Horst Dreier* nutzt die Gelegenheit, ein verbreitetes Missverständnis in Bezug auf die "Reine Rechtslehre" auszuräumen, nämlich das der Rechtspositivismus Kelsenscher Prägung der Ansicht anhänge, Rechtsanwendung sei ein strikt logischer Vorgang nach dem syllogischen Schlussverfahren. Bei Kelsen sei just das Gegenteil der Fall. Keslsen selbst habe 1929 deutlich gesagt, dass er, was die methodische Frage angehe, in die Nähe der Freirechtsschule gehöre. Auf jeder Stufe im Stufenbau der Rechtsordnung – von der Verfassung über das Gesetz zu den untergesetzlichen Rechtsnormen – gebe es blindende Elemente, Vorgegebenes, sozusagen einen Rahmen, innerhalb dessen jedoch ein – von Fall zu Fall unterschiedlich grösser – Spielraum bestehe, von dem der Rechtsanwender Gebrauch machen könne". JESTAEDT, Matthias (Berichter). Diskussion – Die Weimarer Jahre. JESTAEDT, Matthias (Hrsg). *Hans Kelsen und die deutsche Staatsrechtslehre*. Tübingen: Mohr Siebeck, 2013. p. 56-57.

Não é tanto uma questão de método, antes uma questão do que se admite como material hermenêutico: um retorno ao problema das fontes. Afinal, não importa que se insista em descrever a interpretação jurídico como subsunção, pois a presença de fatores psíquicos, emotivos e vivenciais, valores e vontades, margeando o momento de cognição que conduz ao oferecimento de uma fundamentação jurídica para cada decisão é inafastável.

O mesmo processo hermenêutico pode ser concebido a partir de perspectiva que realce valores e finalidade ou de perspectiva que realce a cognição. O desafio seria a construção de uma perspectiva unitária que conciliasse as diferenças entre vontade e cognição, sem negar um em favor do outro. Nas molduras normativas cabem decisões puramente valorativas e puramente conceituais. As primeiras conduzem ao caso individual vivenciado pelas partes de um litígio. As conceituais se satisfazem com abstrações. Na prática, contudo, a demarcação teórica evanesce, pois os elementos emocionais e cognitivos se interpenetram.

O esforço de Schreier consiste em demonstrar a inexistência de critério jurídico para determinar a superioridade de uma abordagem hermenêutica sobre a outra: não se pode dizer qual resultado interpretativo realmente constitui uma resposta correta com base no direito positivo. Há princípios hermenêuticos distintos, que conduzirão a distintos resultados, ao alcance dos intérpretes.[37] A maneira como as molduras normativas, isto é, como os indicativos formais serão vivenciados é condicionada por uma escolha não orientada pelo direito positivo.

Mediante vasta gama de decisões judiciais concretamente tomadas por juízes e tribunais austríacos, Schreier evidencia a ausência de pontos de referência seguros para interpretação jurídica:

37. "Denn mehr als bei der Auswahl der Grundnorm tritt bei der Wahl der Auslegungsmethode hervor, dass das positive Recht von überpositiven Elementen durchsetzt ist. (p. 9) So estärkti die These, dass der naive Positivisms unhaltbar ist, aus jeder Pore des positiven Rechts tritt das *Naturrecht* hervor. Unsere Grundposition hat sich gefestigt. Wir sehen, wie die Auslegung auf allen Seiten eingreift, von Prinzipien regiert, deren Geltung nicht im positiven Recht beruht." SCHREIER, Fritz. *Die Interpretation der Gesetze und Rechtsgeschäfte*, cit., p. 54.

o mesmo caso é decidido de maneira diversa por diferentes juízes, com base nas mesmas molduras normativas, mas a partir de princípios hermenêuticos distintos: a partir de um frame diverso, que é adotado existencialmente por diferentes julgadores.

Curioso o caso de um cavalo segurado que adoecera subitamente e terminou por ser sacrificado, por recomendação veterinária, mas sem autorização da seguradora, que não foi consultada pelo proprietário.[38] O tribunal, chamado a decidir sobre o caráter de devido ou não de parcela do seguro pela seguradora ao proprietário do animal, alicerçou-se conceitualmente sobre as disposições normativas contratuais existentes. O contrato de seguro previa necessidade de expressa autorização da seguradora em casos de sacrifício do animal. Isso foi suficiente para o pagamento do seguro fosse considerado como indevido.

A decisão do tribunal é jurídica. Pode ser redescrita com recurso à categoria da subsunção. Outras, porém, caberia na moldura oferecida pelo contrato de seguro. A decisão do juiz de primeira instancia, por exemplo, realizou-se em sentido contrário. Levando em conta o drama existencial do segurado, o juiz não se contenta em interpretar o sentido das disposições contratuais à luz da sua própria letra e pergunta-se: o que se deveria fazer no lugar do segurado? Deixar o cavalo abandonado, na noite fria, desfalecendo aos poucos, a fim de buscar a autorização da sociedade de seguros no dia seguinte, ou, deixar de lado a interpretação literal da lei e tentar captar o seu espírito vivencial? A primeira decisão iria fazer com que o cavalo morresse em condições de agonia. Não era possível acionar o telégrafo à noite para avisar à seguradora. O juiz entendeu tratar-se de caso de exceção e enxergou no direito positivo uma lacuna nas disposições securitárias, que poderia ser suprida se se atentasse para o seu espírito: ao sacrificar o cavalo, mesmo sem autorização da seguradora, o proprie-

38. "Ein versichertes Pferd wurde plötzlich krank, auf Rat des Tierarztes wurde es sofort geschlachtet, obwohl die Versicherungsbestimmungen verlangten, dass vor der Schlachtung die Genehmigung der Versicherungsgeselschaft einzuholen sei." SCHREIER, Fritz. *Die Interpretation der Gesetze und Rechtsgeschäfte*, cit., p. 107.

tário evitou ao animal um sofrimento maior e ainda pode aproveitar-lhe a carne e a pele.[39]

Ambas as interpretações são possíveis e o resultado a que conduzem não é condicionado por qualquer metodologia hermenêutica, mas sim por uma escolha prévia ao manuseio dos *topoi* jurídicos.

As duas interpretações possíveis são "jurídicas"? Não há dúvidas. Mas uma aponta para uma concretização humanista das indicações formais. No caso do cavalo austríaco, a legislação de seguros foi posteriormente alterada, passando-se a prever expressamente a exceção dos casos de urgências – em que o proprietário estaria autorizado, independentemente de consulta prévia à seguradora, a executar o animal, sem prejuízo da parcela devida de seguro.

A cada interpretação jurídica, a cada *Augenblick*, o intérprete é colocado diante do problema de escolher entre *nomos* que colidem e que condicionam a concretização da moldura normativa. É possível optar, a cada caso, pela ut-opia de um *nomos insular*. Utopicamente decidiu o juiz austríaco da primeira instância, e não apenas topicamente: apontou para uma injustiça da lei vigente e julgou com base em uma lei futura.

Apenas a partir destas premissas – no limite extraídas da fenomenologia husserliana (uma hierarquia prévia de valores) – é que podemos preencher o abismo da moldura normativa (*Rechtsrahmen*) e construir "pirâmides jurídicas". Apenas após a construção de sistemas de valores e fins é que o jurista livre pode criar as normas no interior de um imaginário ordenamento.

Isso significa reconhecer que a interpretação jurídica não se resolve em razão de elementos propriamente normativo-jurídicos. Mais claramente, significa reconhecer que diante da infinitude de possibilidades imanentes à "moldura normativa", a cada caso, fica entregue à arbitrariedade do intérprete a escolha de uma ou outra possibilidade hermenêutica. Arbitrariedade no sentido de que juridi-

39. "Die Klägerin (...) gab jedoch der vernünftigen humanen Auslegung der Verschiderungsbedingungen den Vorzug und liess das gelähmte Pferd, um seiner Qual ein Ende zu machen und wenigstens das Fleisch und die Haut verwerten zu können, über tierärzliche Anordnung sofort schlachten." *Idem, ibidem,* p. 107.

camente, isto é, com base no direito positivo, inexiste possibilidade de se afirmar a preferibilidade de uma solução em relação a outra. O problema da interpretação jurídica se torna, assim, o da identificação de "indicativos metapositivos" para a construção da norma jurídica a cada caso. Esta percepção é possibilitada pela assunção da relativa indeterminação do direito positivo, isto é, de sua incapacidade de funcionar senão como "indicativo formal" (*formale Anzeige*) para a sua própria *reconstrução hermenêutica* (*nachkonstruieren*) a cada caso jurídico. A arbitrariedade, assumida, revela a inafastabilidade da escolha fundante dos intérpretes jurídicos: a escolha entre um *nomos* conservador e um *nomos* progressista, um *nomos* oficial e um *nomos* insular.

1.4 Molduras normativas como indicativos formais: fenomenologia pura do direito

Ao buscar a construção metódica de uma ciência jurídica pura, a Escola de Viena oferece elementos para o desenvolvimento de uma abordagem fenomenológica da interpretação jurídica. A percepção das normas jurídicas a partir do esquema da *Stufenbaulehre* (teoria da estrutura escalonada) permite visualizar a totalidade das disposições normativas existentes como simples *molduras* (*Rahmen*) aguardando por subsequentes atos criadores/positivadores de direito. Evidencia a participação de um fator subjetivo na concretização jurídica.

Submetendo-se esta noção da moldura a um tratamento fenomenológico, é possível concebê-la como "indicativo formal" (*formale Anzeige*) que aponta para um fenômeno, sem poder determiná-lo prontamente. Trata-se de indicação que permite antecipar inúmeras possibilidades para a manifestação fenomênica, mas que de modo algum autoriza a prever qual delas será atualizada, na medida em que esta atualização depende da interposição de uma autoridade humana (fator subjetivo).

Os indicativos formais – como o das molduras normativas – apresentam-se como referenciais.[40] Demarcam um campo possível de

40. "(...) die *formale Anzeige*. Sie gehört als methodischer Momente der phänomenologischen Explikation selbst zu. Warum heisst sie formal? Das

referência, indicando possibilidades. A completa manifestação dos fenômenos (decisões jurídicas, em nosso caso) não pode ser determinada por tais indicativos, restando na dependência da concreta aparição de um referente (*Bezug*) dentre todos os possíveis.[41] Mesmo a concreta determinação do referente não significa ainda o aperfeiçoamento do fenômeno, que somente acontecerá no momento da manifestação existencial do referente, isto é, de seu desdobramento na experiência (*Vollzug*). Pensando especificamente no "direito", apresentam-se as disposições normativas existentes como *indicativos formais* que apontam para o fenômeno e oferecem a possibilidade de explicitação fenomenológica dos caminhos que se abrem ao intérprete jurídico (momento cognitivo, na doutrina pura de Hans Kelsen). Somente mediante a interpretação jurídica, contudo, é que os *indicativos formais* receberão um concreto referente, na medida em que o intérprete se vê compelido a selecionar uma dentre as diversas opções tornadas disponíveis pelo próprio afazer hermenêutico. O direito, contudo, somente terá concretamente se manifestado no momento de execução da possibilidade selecionada.

Deve se evitar assumir que o sentido referencial seja originariamente teórico. A referência dos indicativos formais e a realização do fenômeno não se determinam, de antemão, mas estão em suspensão, à espera de concretização. Anteriormente ao processo hermenêutico,

Formale ist etwas Bezugsmässiges. Die Anzeige soll vorweg den Bezug des Phänomens anzeigen – in einem negativen Sinn allerdings, gleichsam zur Warnung!Ein Phänomen muss so voergegeben sein, dass sein Bezugssinn in der Schwebe gehalten wird. Man muss sich davor hüitten anzunehmenn, sein Bezugssinn sei ursprünglisch der theoretische. Der Bezugu nd Vollzug des Phänomens wird nicht im Voraus bestimmt, er wird in der Schwebe gehalten. Dass ist ein Stellungnahme, die der Wissenschaft auf das ausserste entgegengesetzt ist. Es gibt keine Einfügung in einen Sachgebiet, sondern im Gegenteil die formale Anzeige ist eine Abwehr, eine vorhergehende Sicherung, so dass der Volzugscharakter noch frei bleibt. Die Notwendigkeit dieser Vorsichtsmassregel ergibgt sich aus der faktischen Lebenserfahrung, die stets ins Objectmässige abzugleiten droht und aus der wir doch die Phänomene herausheben mussen". HEIDEGGER, Martin. *Einleitung in die Phänomenologie der Religion*. Frankfurt: Vittorio Klostermann, 1995. p. 63-64.

41. "Alle Fälle sind charakterisiert durch das Zur-Wahl-Stehen mehrerer Möglichkeiten, deren Zahl verschieden sein kann". SCHREIER, Fritz. *Die Interpretation der Gesetze und Rechtsgeschäfte*, cit., p. 51.

à interpretação jurídica, o referente e sua execução restam no limbo. Previamente à interpretação jurídica, o próprio direito resta no limbo: não há propriamente norma jurídica vinculante para a situação ou caso em questão.

O reconhecimento do caráter de *formale Anzeige* das molduras jurídico-normativas, que apontam para o fenômeno, sem poder previamente determiná-lo, convida a própria situação jurídica convertida, o caso jurídica, para a reflexão hermenêutica jurídica. O próprio direito somente pode ser avistado a partir de precários indicativos formais quando se olha exclusivamente para as molduras normativas.[42] Os indicativos formais apontam para uma norma jurídica futura que somente poderá ser determinada a partir de uma situação jurídica concretamente vivenciada. Daí que o *interpretandum*, isto é, o que é interpretado juridicamente, em Karl Friedrich von Savigny, seja um Zustand (um estado de coisas)[43] a ser juridicamente regulado e não propriamente as "normas jurídicas". As molduras, como indicativos formais, revelam-se *meios interpretativos* (Interpretationsmittel) para o enfrentamento do material hermenêutico (Interpretationsmaterial): a própria situação juridicamente controvertida, que é comunicada por meio de versões fáticas (relatos) por intérpretes (partes num litígio, por exemplo) a intérpretes (julgadores).

Na ausência de uma situação jurídica ou caso jurídico concretos inexistirá também uma norma jurídica – no sentido da fusão da interpretação-aplicação esboçado por Hans-Georg Gadamer. O que se interpreta, no limite, são ações humanas ou produtos de ações

42. "Fur die Frage der Einheit bzw Mannigfaltigkeit der Situation ist es wichtig, dass wir sie nur in der formalen Anzeige gewinnen können. Die Einheit ist nich formallogisch, sondern lediglich formal angezeigt. Die formale Anzeige ist im Weder Noch, sie ist weder etwas Ordnungsgemässiges noch Explikation einer Phänomenologischen Bestimmung." HEIDEGGER, Martin. *Einleitung in die Phänomenologie der Religion*, cit., p. 91.

43. Reproduza-se, novamente, trecho do Sistema de Direito Romano, comumente ignorado: "Das historischen Element hat zum Gegenstand den zur Zeit des gegebenen Gesetzes für das vorliegende Rechtsverhältniß durch Rechtsregeln bestimmten Zustand. In diesen Zustand sollte das Gesetz auf bestimmte Weise eingreifen, und die Art dieses Eingreifens, das was dem Recht durch dieses Gesetz neu eingefügt worden ist, soll jenes Element zur Anschauung bringen" (p. 170).

humanas, que no direito são emoldurados, isto é, encontram indicativos formais para seu concreto aperfeiçoamento jurídico – para determinação de seu sentido jurídico – nas disposições normativas existentes, que funcionam como meios interpretativos a partir dos quais o intérprete poderá atribuir-lhes um sentido jurídico, criando uma norma para o caso. Estas ações são comunicadas ao intérprete por meio de relatos fáticos, que se submetem também a interpretação e conduzem à determinação de um referente aos indicativos formais da moldura.

A esta altura da investigação, portanto, aparece-nos como *função da interpretação jurídica* a construção de uma norma jurídica que qualifique juridicamente – atribua sentido – a uma ação humana[44] numa situação ou caso controvertidos. O que se interpreta – o *interpretandum* –, juridicamente, é, assim, a própria ação humana ou produto dela que se pretende juridicamente qualificar, comunicados mediante relatos ou versões fáticas ao intérprete.[45] As molduras normativas operam como indicativos formais que apontam para um referente ainda por ser selecionado por meio do processo hermenêutico, servindo-lhe, dessa forma, como *meios*. Tudo isso já havia sido visualizado pela doutrina pura do direito e é o que se esconde por trás da noção de norma jurídica como *Deutungsschema*.[46]

O que resta por investigar, ainda, é *como* o intérprete jurídico faz uso desses meios de interpretação para construir a norma jurídica. Como, existencialmente, os indicativos formais são remetidos concretamente a um referente.[47]

44. "Nicht der Sinn schlechterweg ist aufzudecken, sondern der rechtlich massgebende Sinn". Schreier, Fritz. *Die Interpretation der Gesetze und Rechtsgeschäfte*, cit., p. 56.

45. "Im Gebiet der Gesiteswissenschaften spricht man dagegen von Interpretation, wenn aus gegebenem Tatbestand der Sinn erscholssen werden soll, also bei Auslegung menschlischer Handlungen oder Urkunden usw. Diese sind das interpretandum auch bei der Schöpfung von Normen aus der Rechtsquelle uns insbesondere der Auslegung der Ausdrücke der Gesetzgebung." *Idem, ibidem,* p. 40.

46. Kelsen, Hans. *Reine Rechtslehre*, cit., p. 4.

47. Martin Heidegger, como vimos, pode ter mostrado o caminho de como se chegar a uma hermenêutica jurídica fenomenológica. Certa vez, escrevera em carta a Lowith, que não devemos simplesmente copiar Schlegel e Schleimacher,

2. Direito como atualização hermenêutica

Neste momento, pretende-se avançar um pouco mais na sistematização de uma teoria livre da hermenêutica jurídica, com base nos ensinamentos do primeiro romantismo, que reverberaram através dos séculos, atingindo e marcando a ferro a Escola Histórica do Direito, bem como Escola do Direito Livre e mesmo a Doutrina Pura do Direito. Não seria recomendável, assim, olvidar das contribuições de Tullio Ascarelli, que podem permitir a construção de ponte para uma hermenêutica progressista ítalo-brasileira.

. Não é pouco o que se apreende das incursões do mestre ítalo-brasileiro ao tema da interpretação jurídica. Com ele, aprende-se de modo convincente que, assim como para Karl Friedrich Savigny, é

mas repetir-lhes a intuição – *Keine Imitation der Schlegel Schleiermacher Kreises aber deren Initiative Selbständigkeit und Leidenschaft für die Dinge*. É para isso que aponta sua hermenêutica sacra da "Epístola aos Gálatas de Paulo", que oferece a base da interpretação temporal profana de *Sein und Zeit* e pode iluminar a hermenêutica jurídica fenomenológica esboçada acima. O que mostra o texto Phänomenologie des religiosen Erlebnisses und der Religion (volume 60 das Obras Completas)? Qual a posição da fenomenologia hermenêutica buscada por Fritz Schreier, reconhecida implicitamente por Hans Kelsen como a teoria vienense da interpretação? Havia uma luta entre Paulo, de um lado, representando aqueles que amavam Jesus, mas desejavam viver ainda segundo a Torá (Judencrhisten) e os que amavam apenas a Tora (Gesetz), de outro. Para Heidegger, é impossível, a partir dos dogmas teológicos modernos, a partir da ciência da religião, a partir de qualquer teoria, decidir uma questão existencial ateorica: como viver? Na moldura das normas existenciais, não é possível uma decisão integralmente racional. A decisão não se mostra, como decorrência, integralmente irracional, entretanto. Como aprendeu com Emil Lask, Heidegger sustenta ser possível uma interpretação que atravessa esta dicotomia entre racional e irracional, buscando uma verdade em sentido hermenêutico (como decidir a vida?) e não lógico-apofântico (verdadeiro em contraposição ao falso), que se ilumine em desencobrimento gradual e intermitente. Daí a hermenêutica não ser lógica, mas um "método formal" que aponta para uma escolha, uma vontade política, que decide sobre como devemos viver. "Demgegenüber bringt nur die Phänomenologie Rettung aus der philosphischen Not, allerdings auch nur dann, wenn sie in ihren radicalen Ursprungsmomente in rein erhalten und die Intuition nicht theoritisiert und der Wesensbegriff nach Art der generellen Alggemeingültikgeitsidee rationalisiert wird, sondern Wesen die lebendige Wandlungsmöglichkeit und Sinfülle entresprechend dem verschiedenen Wert und Erlebsverhalten gesichert erhalte." HEIDEGGER, Martin. *Einleitung in die Phänomenologie der Religion*, cit., p. 301-337.

enganosa a reiterada afirmação de que *in claris non fit interpretatio.* O elemento interpretativo é indispensável e inevitável na realização do direito. Toda vez que uma norma jurídica deve ser aplicada, a aplicação se funde à interpretação, que não pode ser redescrita como mera transposição de sentido, devendo ser assumida em sua natureza criativa.

No entanto, o que realmente chama a atenção na abordagem hermenêutica de Ascarelli, assim como nos escritos da tão mal compreendida Escola do Direito Livre, é a ultrapassagem da mera descrição. Seu ensinamento sobre hermenêutica é radical e extremo. Ao invés de sentirmos a onipotência das normas jurídicas, sentimos quase aquilo que os realistas tentaram demonstrar: a existência da norma como simples ilusão. "Quase", pois Ascarelli tem o senso latino da *prudentia.*

Assim, para além da função criativa da interpretação, que não pode ser predeterminada objetivamente pelas molduras normativas, chega-se a questionar a existência das próprias normas jurídicas enquanto tais. A norma jurídica deixa de ser norma. Onde os juristas avistaram normas existem meros textos: a norma jurídica volta sempre uma vez mais a se apresentar como simples texto colocado à disposição do intérprete para sucessivas aplicações. A norma do caso não é contida nos textos, aguardando por ser descoberta e a interpretação não opera de forma especular com relação ao texto. O texto oferece apenas uma semente para a sempre renovada e transitória formulação da norma de decisão, que compete ao intérprete.[48]

Com base na força destas considerações, aprendemos que não apenas o texto legal não pode emascular a força do interpretar jurídico, como também somos impelidos a reconhecer que norma jurídica, tal

48. "Norma che torna a sua volta poi ad essere *testo* per le sue applicazioni successive". "La norma non e racchiusa nel testo si da poter essere ivi discoperta e l'interpretatzione non è lo specchio di quanto racchiuso nel texto. Il testo è sempre mai un seme per la quella sempre rinovata e transitória formulazione della norma que per ogni applicazione compie l'interprete." ASCARELLI, Tullio. *Problemi giuridici.* Milano: Giuffrè, 1959. p. 145.

qual costumeiramente identificada pela dogmática, dissolve-se em mero texto diante desta força.[49]

"Diante da presença constante das valorações do intérprete", continua o mestre evocando as lições de Fritz Schreier, o mensageiro da Sétima Carta da Doutrina Pura do Direito, "muitas questões tradicionais como a do julgamento correto ou o problema das lacunas revelam-se como problemas espúrios". Não é difícil entender a razão: um julgamento nunca pode ser correto, do ponto de vista do direito, pois o "sistema jurídico" não oferece direções efetivas ao intérprete e o problema das lacunas simplesmente desaparece, porque todo o direito é lacunoso. Como é radical a ideia de que não se pode falar de um sistema preestabelecido de normas, quando muito em um sistema de textos normativos. Apenas quando estamos diante um caso jurídico concreto, é que podemos falar em normas jurídicas,[50] para que depois, logo em seguida, o sistema normativo seja dissolvido novamente em texto.[51]

Apenas quando temos um caso concreto é que se pode formular uma norma jurídica. A interpretação não escapa da "escolha": tem de escolher. Somente a escolha concretizadora é que permitira eliminar momentaneamente a incerteza, mediante dissolução da equivocidade, possibilitando o desfecho do caso jurídico.[52]

49. "Alla fine il trionfo o meno dela norma interpretativamente formulata: questa appena formulata, constituisce pur sempre um nuovo testo nie cui confronte si stabilira la contiuita di una nuova formulazione." *Idem, ibidem,* p. 314.

50. "A rigore, la norma vive como 'norma' solo nel momento nel quale viene applicata e perció appunto ogni applicazione di uma norma richiede l'interpretazione di un texto (o di un comportamento) e cioè in realtà la formulazione (ai fini dell'applicazione) della norma." *Idem.* "Giurisprudenza costituzionale e teoria dell'interpretazione giuridica". *Rivista di Diritto Processuale*, Milano, p. 140, 1957.

51. "(...) l'equivocita del testo è superata solo nel momento dell'applicazione della norma all uopo formulata norma que torna a sua volta poi ad essere testo per le applicazioni sucessíve." *Idem. Problemi giuridici*, cit., p. 145.

52. "(...) momento inevitabile di fronte al contrasto tra la constante equivocita del texto e la necessita che pone sempre all interprete il compito di risolvere l equivocita del texto com uma scelta que permetta la formulazione di uma norma perl la soluzione del caso". Ascarelli, Tullio. *Problemi giuridici*, cit., p. 144.

Essa visão grave elimina do mundo jurídico tudo que não seja concreto, pois a existência do texto não limita a liberdade do intérprete, que deixa de ser intérprete no sentido clássico e se torna criador, ainda que um criador de criaturas fugazes. Como se verá adiante, esta modificação da maneira de conceber a interpretação, que a assimila à criação do direito, traz consigo uma alteração do próprio problema da interpretação jurídica: altera a percepção do *interpretandum*, isto é, daquilo que afinal deve ser interpretado.

Na consciência de sua responsabilidade criativa, como intérprete, é que age Porzia, a heroína no mercador de Veneza. Para ela e para o desfecho do caso são indiferentes às etéreas discussões inebriadas, típicas do céu conceitual dos juristas,[53] insistentes em avistar "naturezas jurídicas" em criações evanescentes. Tudo isso se torna irrelevante.[54] Quem interpreta, afinal, tem o dom de tornar o iníquo em justiça.[55] O contrato é válido e determina que Shylock retire uma libra de carne de Antonio, na região do coração. Uma libra de carne e nada mais. O sangue não está incluído no negócio. "O sorriso substitui o drama".

Adotando-se estes indicativos interpretativos extremos, chegamos a uma visão extremamente crítica do direito: não existem normas anteriormente à interpretação- aplicação de textos normativos a casos concretos.[56] A aplicação somente é válida para o caso jurídico

"Anche il piu símplice dei testi – apri la porta – importa una riconstruzione tipológica della realitá".

53. Jhering, Rudolf von. *Scherz und Ernst in der Jurisprudenz*. Leipzig: Breitkopf & Härtel, 1884.

54. "Il problema di Porzia concerne l'interpretazione di um contratto, ma consentitte di considerare detto patto come legge, chè non sembra Che Il poeta abbia voluto fare distinzioni; La sua fantasia ci propone appunto Il problema dell'interpretazione della norma". Ascarelli, Tullio. "Antigone e Porzia". In: ___. *Problemi giuridici*, cit., p. 11.

55. "Il *deus ex machina* di questo dramma che finisce in letizia è così l'artificio interpretativo di Porzia. Porzia afferma la validità del patto; non si ribella; non lo taccia di iníquo. Però lo interpreta e, interpretandolo, lo riduce a nulla". *Idem, ibidem*, p. 11.

56. "Per l interprete non existe una gia posta e unívoca normativa que canoni interpretativi permetterebbero di discoprire. La pretesa realtá normativa non puo invero essere contraposta all interpretazione, che no se ne protrebbe cogliere

a que se refere. Esta a problematicidade de um ato criador realmente livre, que se reconhece incapaz de atar o futuro![57]

A norma jurídica, ora, não tem validade fora da interpretação! Isso já havia antecipado Michel de Montaigne, que o Ascarelli costuma citar: "gosto pouco da opinião daquele homem (Justiniano) que pensou poder limitar a autoridade dos juízes pela multidão de leis a limitar-lhes as ações. Não percebeu que existe tanta liberdade e propósito na interpretação das leis como na sua criação".[58]

A norma jurídica será sempre e somente aquela tal como interpretada pelo intérprete autêntico e a interpretação poderá se dar contrariamente às tendências apontadas pelo legislador, cabendo a palavra final sempre ao intérprete – sem que, no limite, sequer se possa falar em palavra final, pois a norma jurídica se dissolve em texto tão logo desfechado o caso jurídico.

Daí a resposta certeira que Ascarelli oferece à provocativa afirmação equivocada Julius Hermann von Kirchmann,[59] que precisa ser revertida: é justamente porque nenhuma norma jurídica pode operar e existir além da interpretação-aplicação[60] que se torna imperativa a

fuore della intperpretazione e applicazione una eficázia que possa essere invocata qualle controllo dell'interpretazione stessa." *Idem. Problemi giuridici*, cit., p. 74.

57. "Una riconstruzione tipologia dela realite viene fiassata dall interprete in congruenza com la norma ma non puó mai essere compiutamente datta della norma stessa! Questa invero, próprio perche si presenta como applicabile, non puó mai compiutamente definire tuti i tipi dela realta!." *Idem, ibidem,* p. 232.

58. MONTAIGNE, Michel de. *Les Essais*. Bordeaux: Féret et Fils, 1580 (Publications de la Société des bibliophiles de Guyenne).

59. KIRCHMANN, Julius Hermann von. *Die Wertlosigkeit der Jurisprudenz als Wissenschaft. Nachdruck*. Heidelberg: Manutius Verlag, 1988.

60. "Ma per cogliere il segreto dello sviluppo del diritto mi sembra ocorra rendersi conto di como l'interpretazione sia posta in funzione della applicazione della norma al caso e l'applicazione a sua volta possa così ricondursi al risultato dell'interpretazione. E cio appunto perchè l'interpretazione giuridica mira a stabilire una norma applicabile, così sfuggendo sempre e necessariamente a un quadro meramente storiografico." ASCARELLI, Tulio. "In tema di interpretazione ed applicazione della legge (letera al pro. Carnelutti)". In: ___. *Problemi giuridici*, cit., t. 1, p. 153.

jurisprudência, isto é, a ciência do direito, que não pode ser reduzida a pó por uma canetada do legislador.[61]

As lições de Tulio Ascarelli servem de escudo e lança contra a equivocada hermenêutica dogmática de Emilio Betti, que insiste que "senso non est inferendus sed efferendus".[62] Betti e seus epígonos pretendem poder afirmar que o significado deve ser obtido da própria norma jurídica e não artificialmente a partir do intérprete. Trata-se de hermenêutica que deve ser lida como simples sustentação ideológica, revelada no imperativo de que o intérprete deve ser leal à norma. Não encontra sustento na realidade da vivência do direito e somente poderia ser levada adianta como prescrição, que por não se pautar em diagnóstico acurado do funcionamento do direito, está fadada a não prosperar.

Ascarelli fornece robustas pistas que permitem avistar a potencialidade do ponto de vista zetético, histórico, sociológico e livre que indica os caminhos para a sistematização que aqui se vem desenvolvendo. *Tertius non datur!* Não há meio termo entre os dois extremos hermenêuticos, o conservador e o progressista.

A máxima lição pode ser retirada do ensaio dedicado por Ascarelli à análise de Antígona e Pozia. A simpatia do mestre se endereça a Porzia, a heroína da interpretação legal, pois sem ela um assassínio jurídico teria sido cometido. Sua simpatia, contudo, também vai para os antigos sábios do Talmud, com os quais se encerra este ensaio em que o autor se ocupa em grande medida com mercador de Veneza.[63]

61. "E appunto in quanto nessuna norma opera ed existe indipendentemente dela sua interpretazione e applicazione, in quanto l interpretazione concorre nello svilupo del dirito que puo quis rovesciarsi la frase com la qual Kirchmann volveva irridere all opera dela giurisprudenza como sterile fática che um parola del legislatora basta a rendere vana". *Idem. Problemi giuridici*, cit., p. 124.

62. Betti, Emilio. *Teoria generalle della interpretazione*. Milano: Giuffrè, 1955. p. 305.

63. "V'è forse chi può ricordare un passo del Talmud. Discutevano due rabbini sull'interpretazione della leggel. E il primo invoco a prova della sua interpretsiozion le acque del fiume perchè, a conforto della sua tese, risalissero a monte. E poichè il secondo negava la validita della prova, il primo invocò la stessa voc celeste, perchè questa si faccesse udire risolvendo la disputa. E la voce si fece udire e confermò l'interpretazione proposta. Ma ecco il secondo rabino opporre superbamente: '*E che c'entra Dio nelle dispute delgi uomini? Non e*

A lição do mestre de meus mestres culmina com a simplicidade explosiva da constatação: "La creazione è continua e l'huome ne è collaboratore".

O direito se revela como contínua criação humana: atualização hermenêutica. Mesmo contra a sugestão divina da "lei imutável", prevalece a interpretação democrática dos homens "por simples maioria", a interpretação dos intérpretes legítimos das leis.

A norma jurídica é indefinida e somente por intermédio de livre interpretação democrática, realizada por homens (intérpretes autênticos), é que ela pode surgir na vida. Não há exato significado previamente estipulado pelo legislador, nem que ele seja o próprio eterno. A hermenêutica dogmática ortodoxa de Emilio Betti deve ser rejeitada em prol de uma livre interpretação ítalo-brasileira, em que se admita que o significado fiel do texto não é acessível a quaisquer doutores Patavinas (de Padua!). Não há e nem pode haver uma única resposta juridicamente correta.

O jurista é, assim, confrontado com o autêntico problema da interpretação jurídica: o da criação do direito, que é determinada por uma escolha para a qual as molduras do direito positivo não oferecem senão indicações formais, por uma escolha que depende de uma escolha prévia, entre diferentes nomos que se opõe: o de Creonte e o Antígona, o de Shylock e o de Porzia.

forsi scritto que la legge è stata data agli uomini e sarà interpretata secondo l'opinione della maggioranza?' E quando il Signore udì la tracotante risposta sorrise e disse: "I miei figli mi hanno vinto!", ASCARELLI, Tullio. "Antigone e Porzia", cit., p. 14.

CAPÍTULO V

NOMOS E NARRATIVA: SUBMETENDO OS TRIBUNAIS AO PROCESSO HERMENÊUTICO

1. O problema da hermenêutica jurídica

O jovem professor Robert Cover, precocemente falecido em Yale, elaborou uma relevante crítica às decisões da Corte Suprema norte-americana, utilizando-se de premissas "semióticas" análogas às nossas perspectivas teóricas antiformalistas: *Jus é maior que Lex*. Este ensinamento, já presente na experiência jurídica romana, repetido pela Escola Histórica do Direito, vigorosamente indicado na teoria da interpretação fenomenológica da Escola Vienense da Doutrina Pura do Direito, leva adiante a revolução hermenêutica do primeiro romantismo, permitindo que dispute espaço no campo jurídico.

"As regras e princípios da justiça, as instituições formais do direito e as convenções sociais são, de fato, relevantes a este mundo, contudo, não representam senão pequena parte do universo normativo que merece atenção".[1] Como alcançar, então, esta normatividade social superior à *lex*?

1. "The rules and principles of justice, the formal institutions of the law, and the conventions of a social order are, indeed, important to that world; they

Um olhar atento permite enxergar como as sociedades humanas constroem um "*sacred canopy*" para dar significado ao mundo. "Uma vez compreendido o contexto de narrativas que dão sentido à normatividade, o direito deixa de ser um mero sistema de normas a ser observado para tornar-se um mundo em que vivemos".[2]

Assim, o problema da hermenêutica jurídica se revela, como vimos tentando demonstrar, como um problema filosófico mais amplo,[3] não se limitando à questão da "incidência" de uma norma a um caso, como no multirreiterado exercício de interpretação proposto no debate anglo-saxão: "patins são veículos a adentrar um parque?".

Esta nova ênfase coaduna-se à nossa tese de ser a hermenêutica jurídica forma de hermenêutica filosófica. Este aceno de Robert Cover só não é mais revolucionário se levarmos em conta ser esta pelo menos a segunda leva de uma "onda". Já no início dos anos de 1900 os autores da Escola do Direito Livre (antes de recuarem de suas posições) afirmaram ser a ciência do direito uma ciência sociológica, despida de uma metodologia em separado. Isto é, a insuficiência da metodologia pretensamente jurídica já havia sido modernamente denunciada, ainda que em direção a rumo um pouco diverso do aqui pretendido. Enquanto os autores do direito livre se dirigiram à sociologia, aqui interessam o romantismo primeiro e o seu legado de hermenêutica filosófica.

Como superar a visão dominante do direito como *lex*, como forma de controle social fundado na força, por meio da visão herme-

are, however, but a small part of the normative universe that ought to claim our attention." COVER, Robert M. The Supreme Court, 1982 Term – Foreword: nomos and narrative, cit., p. 4.

2. "Once understood in the context of the narratives that give it meaning, law becomes not merely a system of rules but a world in which we live in". *Idem, ibidem,* p. 4-5.

3. "The normative universe is held together by the force of interpretive commitments – some small and private, others immense and public. These commitments – of officials and of others – do determine what law means and what law shall be. If there existed two legal orders with identical legal precepts and identical, predictable patterns of public force, they would nonetheless differ essentially in meaning if, in one of the orders, the precepts were universally venerated while in the other they were regarded by many as fundamentally unjust." *Idem, ibidem,* p. 7.

nêutica do direito como *jus*, um puro significado, um *nomos* criado pelo homem que não precisa de nenhum Estado percebido como aparato ou substância?

A pista de Robert Cover consiste em partir de um ensaio crítico de hermenêutica sacra, a partir de textos bíblicos, em que se pode desvelar o direito como atribuição de sentidos.[4] Após consistente investigação de episódios bíblicos, avança Cover em direção à hermenêutica sacra e subversiva de Paulo.[5] A conclusão jurídica possibilitada a partir da hermenêutica sacra é fulcral: existe na cultura, mesmo na sociedade liberal contemporânea, uma dicotomia radical entre a organização social do direito como poder (*lex*) e a sua vivência como significado (*jus*).

A partir do *nomos* bíblico dicotômico, um conservador, outro revolucionário, procura Cover interpretar o *nomos* constitucional dicotômico, o oficial e o insular. O caso escolhido é *Bob Jones University v. United States* (1983). *O nomos insular dos menonitas, os amish, anabatistas, uma seita crista extremamente pacifista, cuja escola foi sancionada pelo Estado:* esta e a narrativa do nomos insular avistada na narrativa de uma comunidade de 7.700 irmãos que foram

4. COVER, Robert M. "The Supreme Court, 1982 Term – Foreword: nomos and narrative", cit., "Simeon the Just [circa 200 B.C.E.] said: Upon three things the world stands: upon Torah; upon the temple worship service; and upon deeds of kindness. The *world* of which Simeon the Just spoke was the *nomos*, the normative universe (p. 11-12). These *strong* forces – *Torah, worship, and deeds of kindness – create* the normative worlds in which law is predominantly a system of meaning rather than an imposition of force. Such a vision, of course, is neither uniquely rabbinic nor ancient. The vision of a strong community of common obligations has also been at the heart of what Christians conceive as the Church" (p. 13).

5. "The biblical narratives always retained their subversive force – the memory that divine destiny is not lawful. So it was that Paul could put the narratives to the service of a revolutionary allegorical extension of the typology in his Epistle to the Galatians. There the Jews with their law are compared to Hagar and Ishmael, the firstcomers, whose claim is based on law. The new Christian Church is Sarah and Isaac, the later comers, who lack any legal entitlement but who hold the divine promise of destiny. The whole edifice of law is thus torn down. Through an allegory upon the pervasive narrative motif that itself relates the problematic dimension of rules to the mystery of destiny. It is particularly powerful to use in the critique of the law of Israel an allegory built on the theme that itself expresses the extralegality of Israel's destiny." *Idem, ibidem,* p. 25.

condenados à morte no continente europeu e encontraram abrigo em comunidades menonitas nos Estados Unidos, onde fundaram escolas religiosas.[6]

A *lex* do Estado dizia que por motivos de "política pública", a primeira emenda de liberdade religiosa não poderia proteger a comunidade com isenção fiscal, pois suas escolas não se adequavam aos preceitos públicos de educação. A suprema corte deu ganho de causa ao Estado. Para Cover, os juízes da suprema corte não enxergaram que o *nomos* dos menonitas tinha a mesma relevância do *nomos* do Estado.[7]

Perceber o direito como significado, como atualização hermenêutica constante, superando o datado modo de percepção do fenô-

6. COVER explora a correlação entre visões de mundo de um grupo, os Menonitas, e a realidade que vivenciam, intermediada por uma narrative juridical que constrói pontes entre realidade e visão, mencionando forte trecho de carta oferecida por uma comunidade de 7700 Menonitas em sua intervenção como *Amicus Curiae* no caso Bob Jones University *vs.* United States: "There is in our consciousness a strong sense of an often torturous history, in which our predecessors passed through periods of extreme hardship and suffering, a history that includes the records of many martyrs who suffered for those tenets that still constitute our confession of faith. A notable feature of our church history is that of a church in a migratory status, migrating from one place, or nation, to another in search of religious consideration or toleration, a defenseless people looking for a place to be. This has left within us an extremely high regard for religious liberty. We consider the religious liberty that this nation concedes as possibly its greatest virtue". COVER, Robert M. "The Supreme Court, 1982 Term – Foreword: nomos and narrative", cit., p. 27.

7. "(...) the Mennonite community creates law as fully as does the judge. First, the Mennonites inhabit an ongoing *nomos* that must be marked off by a normative boundary from the realm of civil coercion, just as the wielders of state power must establish their boundary with a religious community's resistance and autonomy. Each group must accommodate in its own normative world the objective reality of the other. There may or may not be synchronization or convergence in their respective understandings about the normative boundary and what it implies. But from a position that starts as neutral – that is, nonstatist – in its understanding of law, the interpretations offered by judges are not necessarily superior. The Mennonites are not simply advocates, for they are prepared to live and do live by their proclaimed understanding of the Constitution. Moreover, they live within the complex encodings of commitments – their sacred narratives – that ground the understanding of the law that they offer." *Idem, ibidem,* p. 28-29.

meno jurídico como exercício legítimo da violência pelo poder estatal, representa não apenas acolher narrativa mais adequada à vivência jurídica, no nível descritivo, como também se revela como tese mais potente no registro da crítica: o direito é vivenciado em grupamentos humanos não-estatais, estatais, supraestatais, internacionais e mesmo em situações de normatividade transnacional. Não se pode seguir ideologicamente aprisionando-o por meio de narrativas estatalistas, que não raro conduzem à supressão violenta do *jus* em favor da *lex*.

A hermenêutica não apenas como método para "aplicação de normas jurídicas", mas como modo de constituição do direito, que deve ser hermeneuticamente concebido como em constante e dinâmica atualização, permite acolher o potencial subversivo de *nomos jurídicos* não estatais. O problema da hermenêutica jurídica não pode ser reduzido ao pesudoproblema da "aplicação de normas jurídicas a casos concretos".[8] O problema hermenêutico é o problema da própria existência do direito, que somente existe no curso de processos interpretativos realizados não apenas por intérpretes autorizados por textos legais estatais, mas por inúmeros outros protagonistas da vivência jurídica, confrontando-se frequentemente um *nomos* oficial e um *nomos* insular. A prévia percepção da igual legitimidade cognitiva – isto é, do ponto de vista da observação por uma ciência jurídica – destes dois *nomos* em reiterado conflito é pressuposto para escolha

8. Robert COVER captou acertadamente o estatismo da Hermenêutica Jurídica de Hans-Georg Gadamer, que fora problematizada no capítulo 3 deste trabalho. "Gadamer, commenting on a practice I assume he thought characteristic of legal scholarship and dogmatics as practiced in its continental form, wrote: 'Legal hermeneutics does not belong in this context [a "general theory of the understanding and interpretation of texts"], for it is not its purpose to understand given texts, but to be a practical measure to help fill a kind of gap in the system of legal dogmatics.' (...) The entire discussion of legal hermeneutics in *Truth and Method* is disappointingly provincial in several ways. First, it is entirely statist and therefore does not raise the question of the hermeneutic problems peculiar to all systems of objectified normative texts (statist and nonstatist alike). But it also inadequately addresses the question of the destruction of the hermeneutic in the necessarily apologetic functions of an official dom. Finally, in *Truth and Method,* the problem of application is seen as the characteristic difficulty. Thus, even when Gadamer denies the possibility of a straightforward application of general laws to specific facts, he discusses the 'problem' of legal hermeneutics as this problem". COVER, Robert M. "The Supreme Court, 1982 Term – Foreword: nomos and narrative", cit., p. 6.

por um deles, que deverá ser realizada em meio a exercícios hermenêuticos que jamais podem esgotar o potencial da normatividade, sempre a se reconstituir, caso após caso jurídico.[9]

O problema angular da hermenêutica jurídica não é o problema da construção de normas jurídicas a partir dos indicativos formais (*formale Anzeige*) oferecidos pelas disposições jurídicas existentes (textos normativo, precedentes judiciais, tematizações acadêmicas e assim por diante), mas consiste exatamente na escolha prévia da moldura das molduras, isto é, do *frame* a partir do qual se irá perseguir as pegadas dos indicativos formais no caminho da construção do direito do caso.[10] É neste momento prévio e constitutivo, determinante mesmo dos resultados hermenêuticos, que se coloca a escolha hermenêutica fundante. Aí é que reside o problema da hermenêutica jurídica, que tem sido escamoteado pelas narrativas insistentes em discutir o conseqüente sem atentar ao antecedente, oferecendo respostas dogmáticas a questões contingentes: um patins é um veículo diante da disposição normativa que veda o acesso ao parque por meio de veículos?

No talvez mais famoso dos artigos deixados por Robert Cover, que, apesar da curta vida de apenas 43 anos, encontrou tempo para

9. "The stories the resisters tell, the lives they live, the law they make in such a movement may force the judges, too, to face the commitments entailed in their judicial office and their law. It is not the romance of rebellion that should lead us to look to the law evolved by social movements and communities. Quite the opposite. Just as it is our distrust for and recognition of the state as reality that leads us to be constitutionalists with regard to the state, so it ought to be our recognition of and distrust for the reality of the power of social movements that leads us to examine the nomian worlds they create. And just as constitutionalism is part of what may legitimize the state, so constitutionalism may legitimize, within a different framework, communities and movements. Legal meaning is a challenging enrichment of social life, a potential restraint on arbitrary power and violence. We ought to stop circumscribing the *nomos;* we ought to invite new worlds." *Idem, ibidem,* p. 68.

10. "Nós devemos escolher o direito que queremos. Nós devemos escolher e poder justificar uma forma particular de interpretação, uma tendência, uma preferência que seja capaz de fazer frente a preferências e tendências contrárias. A escolha não se coloca entre direito e política, mas sim entre uma forma da política jurídica e outra." KOSKENNIEMI, Martti. "International Law in Europe: between tradition and renewal". *European International Legal Journal*, n. 16, n. 1, p. 123, Feb. 2005.

militar contra o *Apartheid* na África do Sul e contra a concessão de Anistia aos algozes daquele regime, a interpretação jurídica é devidamente colocada no campo de batalha da "dor e da morte": "assim que os intérpretes encerram o seu trabalho, frequentemente são deixadas para trás vítimas cuja vida foi destroçada pelas práticas sociais organizadas de violência".[11] Novamente, a partir de Cover é possível enxergar o problema da interpretação jurídica, consistente na opção fundante entre nomos opostos que reiteradamente colidem e de cuja colisão podem resultar vítimas irrecuperáveis.[12] Seria esta tragédia da interpretação jurídica visualizável apenas nas decisões da Suprema Corte norte-americana, que constituem objeto das investigações de Robert Cover, ou seria possível também avistá-la em casos decididos pelo Supremo Tribunal Federal brasileiro?

O desfecho desta tese consistirá em evidenciar, a partir de três casos emblemáticos, a problemática escolha da interpretação jurídica, sempre a ter de se posicionar por um ou outro *nomos*, manifestando-se ora como conservadora, ora como irruptora, insular, progressista. Ao longo do caminho, serão utilizadas as premissas desenvolvidas nos capítulos anteriores, a fim de demonstrar a limitação derradeira do direito positivo e dos alegados métodos hermenêutico-jurídicos na condução da interpretação jurídica, que remete sempre a uma

11. Para a necessária reflexão sobre as interpenetrações entre direito e violência: Benjamin, Walter. Zur Kritik der Gewalt (1920-1921). In: Tiedemann, R.; Schweppenhäuser, H (Hrsg.). *Walter Benjamin Gesammelte Schriften*. Suhrkamp: Frankfurt a.M., 1999. vol. II.1, p. 179-204. Derrida, Jacques. "Force of law: the mystical foundation of authority". *Cardozo Law Review*, vol. 11 p. 920-1045, nov. 1990; e Menke, Christoph. *Recht und Gewalt*. 2. Aufl. Berlin: August Verlag, 2012.

12. "Legal interpretation takes place in a field of pain and death. This is true in several senses. Legal interpretative acts signal and occasion the imposition of violence upon others. A judge articulates his understanding of a text, and as a result, somebody loses his freedom, his property, his children, even his life. Interpretation in law also constitute justifications for violence which has already occurred or which is about to occur. When interpreters have finished their work they frequently leave behind victims whose live have been torn apart by the organized, social practices of violence. Neither legal interpretation nor the violence it occasions may be properly understood apart from one another." Recommended citation Cover, Robert M. "Violence and the Word (1986)". *Yale Faculty Scholarship Series*. Paper 2708, p. 1601. Disponível em: <http://digital-commons.law.yale.edu/fss_papers/2708 p. 1601>.

fundante escolha metapositiva e não encontra em todas as disposições jurídicas existentes senão meros indicativos formais.

2. Hermenêutica em ato: o Supremo Tribunal Federal interpretado

Não é necessário juiz Hércules algum. Basta que se atente para as lições clássicas, não como mitificadas pelo senso comum teórico, mas como efetivamente vivenciadas pelos juristas da Escola de Viena. É suficiente comportar-se – ponto de vista interno – como um *positivista* vienense. A partir do próprio positivismo jurídico é possível enxergar--lhe as limitações. Os tão frequentemente difamados acadêmicos da doutrina pura do direito demonstraram à exaustão a existência de uma normatividade mais abrangente que aquela do ordenamento jurídico ("o dossel sagrado" que encobre o *nomos* positivo de que falava o sociólogo e teólogo luterano weberiano),[13] objeto de estudo de uma ciência puramente jurídica que não nega a existência daquilo que seu próprio recorte metódico deixa de fora. Basta um *positivista vienense vintage* para perceber que além das alternativas possíveis para um *hard case* – para qualquer caso jurídico –, existe uma que, ética e politicamente, ainda que não juridicamente, se mostra como superior, pois esta se mostra como efetivamente informada pelos princípios organizadores de uma constituição historicamente existente: em que se habita; que se vivencia. A escolha por esta alternativa, contudo, não é condicionada pelas molduras normativas, antes as determinando.

Foi exatamente o que se pode ver no emblemático caso que preparou a destruição da democracia de Weimar, em 1932. O Presidente do Reich – e o Tribunal chamado a decidir sobre a constitucionalidade do decreto presidencial – tinha diante de si pelo menos duas alternativas: uma interpretação restritiva das disposições normativas sobre medidas emergências que preservaria os estados livres, outra extensiva, que destruiria a República, ao solapar seus princípios constitucionais fundamentais. As duas alternativas configuravam "direito possível". Os membros da Escola Jurídica de Viena tomaram posição neste caso. Humanamente, sem precisar de Hércules, souberam

13. Berger, Peter. *O Dossel Sagrado: elementos para uma teoria sociológica da religião.* São Paulo: Paulinas, 1985.

indicar a superioridade de uma interpretação com relação a outra diante da experiência constitucional alemã daquele momento.

As lições do hermeneuta Hans Kelsen e do ítalo-brasileiro Tullio Ascarelli, bem como a hermenêutica de Savigny e do primeiro romantismo foram ignoradas pelo Supremo Tribunal Federal, no célebre caso da Lei da Anistia.

2.1 Caso da Lei de Anistia: o perdão jurídico ahistórico do STF

Uma análise histórica do direito tal como preconizada por Carl Friedrich von Savigny já teria sido suficiente para demonstrar que a anistia a torturadores é incompatível com a fundação democrática da ordem constitucional brasileira de 1988. Não o puro historicismo equivocadamente atribuído à Escola Histórica, mas o exercício de *resconstruir criticamente* o direito, fundindo os horizontes normativos dos legisladores que ofereceram os indicativos formais (molduras) em questão no caso da ADPF 153 com os horizontes normativos do presente.

403 a.C., os muros de Atenas são destruídos. A tirania é substituída pelo governo democrático. Sua primeira medida: *Nemeteskai*, esquecer a violência do passado. Nicole Loreaux, em estudos históricos definitivos, mostra que aí começou a ruína da democracia ateniense.[14] Por quais razões? Democracia se alicerça em *kratos*, poder. O poder político popular não poderia se emascular diante dos crimes dos tiranos. O *kratos* do povo é da essência da democracia e quando ele fraqueja, ela começa a ruir.

A lição histórica serve, de um lado, para mostrar que a anistia como esquecimento total foi o inicio da derrocada da primeira democracia da civilização. Resgatar o exemplo de Atenas para

14. Em matéria de Anistia, deixamo-nos guiar pelas lições contidas em *La cité divisée. L'oubli dans la mémoire d'Athènes*. Paris: Payot, 1997. Esta obra trata da "primeira anisitia da história ocidental", contemplando o juramento de "ne pas rappeler les malheurs du passé" que fora feito pelos resistentes democratas vitoriosos no século V a.C. Loreaux tenta avaliar o que teria levado um demos (povo) vitorioso em uma guerra civil a se reconciliar com os adversários da véspera. No fundo, trata-se de um alerta aos perigos da propensão democrática a esquecer o que é inolvidável.

fundamentar a anistia à brasileira se mostra como indevida analogia, não pautada em semelhanças relevantes. Palavras solenes com a gravidade de *Nemeteskai* somente poderiam ter sido proferidas – e o foram – quando houvesse uma autêntica democracia. Quando não há negociação entre tiranos e resistentes. Quando não há pressão política de algozes a comprimir as vítimas. Não foi o que aconteceu no caso da República brasileira.[15] Não há que se falar que "Brasil fez opção pelo caminho da concórdia".[16]

Contra-argumento filosófico possível à "hermenêutica política" romântica e histórica aqui desenvolvida poderia partir dela mesma: começamos a tese a demonstrar que a hermenêutica moderna romântica de Carl Friedrich von Savigny fundou-se em princípios pós-kantianos (1800). Não seria justamente a filosofia pós-kantiana de Fichte e Hegel aquela ensinar contra Kant que justiça é "amor, perdão, conciliação", tal como nas palavras-chave do acórdão do Supremo Tribunal Federal ora contestado?

Com efeito, Immanuel Kant, o iluminista radical, ensinara a grave lição: "*fiat justita pereat mundus*". Kant, o formalista, ensinara ser o principio constitutivo do direito penal a retribuição pura. Hegel, no entanto, o romântico Hegel da juventude de Berna, mostrava, antes mesmo da filosofia dialética do reconhecimento, que a essência

15. Contundentes as palavras do professor Fábio Konder Comparato, evidenciando a existência de um *nomos de dominação* sustentando um *nomos* de conto de fadas retratado nos discursos oficiais: "A transição pacífica do autoritarismo para o regime constitucional, tanto ao final do Estado Novo getulista quanto do vintenário regime militar quarenta anos depois, foi assegurada com a promulgação de leis de anistia aos opositores políticos. Era o direito oficial. Por trás dele, porém, havia o direito subentendido de que essa anistia aplicava-se, também, aos agentes públicos e seus cúmplices, responsáveis por torturas, execuções sumárias e desaparecimento de opositores políticos, entre outros inomináveis abusos". COMPARATO, Fábio Konder. *O direito e o avesso*. Manuscrito gentilmente encaminhado pelo autor, p. 2.

16. "Se eu pudesse concordar com a afirmação de que 'certos homens são monstros', eu diria que os montros não perdoam. Só o homem perdoa. Só uma sociedade superior qualificada pela consciência dos mais elevados sentimentos de humanidade é capaz de perdoar. Porque só uma sociedade que por ter grandeza é maior que seus inimigos é capaz de sobreviver". Voto de Cezar Peluso na ADPF 153, julgada em 29.04.2010.

da justiça reside no amor (e no perdão),[17] opondo-se ao "legalismo formalista kantiano" que tomava por "farisaico".[18]

Toda a filosofia do direito criminal de Hegel é uma substituição do princípio da retribuição pelo princípio da prevenção, mais adequado aos tempos modernos. A filosofia do direito de Hegel também alicerça-se sobre o princípio condutor da "anistia" a Orestes no Areópago por Atenas, a mostrar como direito pode enveredar por um caminho racional, abandonando a primitiva vingança de sangue que se espraiava destrutivamente de geração em geração.

A decisão do colegiado do STF, então, não estaria em conformidade com os ensinamentos pós-kantianos preconizados nesta tese e, no limite, não se mostraria alinhada ao *nomos insular*, opondo-se ao *nomos* conservador?

A hermenêutica política surge da hermenêutica sacra.[19] A filosofia do direito de Hegel ensina-nos que a justiça se constrói de amor e perdão. Trata-se de uma prerrogativa do soberano, que não se pode dele afastar: ele pode e deve aplicar o perdão. No entanto, a filosofia da religião de Hegel seculariza o grande principio evangélico de que

17. "Der völligen Kenchtschaft unter dem Gesetze eines fremden Herrn setzte Jesus nicht eine teilweise Knechtschaft unter einem eigenen Gesetze, den Selbstzwang der Kantischen Tugend entgegen, sondern Tugenden ohne Herrschaft und ohne Unterwerfung, Modifikationen der Liebe". HEGEL, Georg F. W. *Frühe Schriften*. Werke I. Suhrkamp, 1986. p. 358-359.

18. "Wenn Jesus auch das, was er den Gesetzen entgegen- und über sie setzt, als Gebote ausdrückt (Meine nicht, ich wolle das Gesetz aufheben; Euer Wort sei; Ich sage euch, nicht zu widerstehten usw.; Liebe Gott und deinen Nächsten), so ist diese Wendung in einem ganz anderen Sinne Gebot als das Sollen des Pflichtgebots; sie ist nur die Folge davon, dass das Lebendige gedacht, ausgesprochen, in der ihm fremden Form des Begriffs gegeben wird, dahingegen das Pflichtverbot seinem Wesen nach als ein Allgemeines ein Begriff ist. Und wenn so das Lebendige in der Form eines Reflektierten, Geagten gegen Menschen erscheint, so hatte Kant sehr Unrecht, diese zum Lebendigen nicht gehörige Art des Ausdrucks: Liebe Gott über alles und deinen Nähcsten als dich selbst, als ein Gebot anzusehen, welches Achung für ein Gesetz fordert, das Liebe befiehtl." *Idem*. *Frühe Schriften*, cit., p. 324-325.

19. SCHMITT, Carl. *Politische Theologie*. 9. Aufl. Berlin: Duncker & Humblot, 2009. p. 43 "Alle prägnanten Begriffe der modernen Staatslehre sind säkularisierte thelogische Begriffe".

"não há perdão há quem nega perdão".[20] Assim, existe um *caveat* importante na filosofia moderna pós-kantiana: Hegel, grande pensador do amor, do perdão e da reconciliação, cravou no final da história que tudo é perdoável, menos os crimes contra o Espírito Objetivo, a saber, menos os crimes que negam o próprio poder reconciliador do perdão.[21] A tortura não se pode perdoar.

Esta resposta é encontrável no conjunto das disposições legais e existentes. Ao lado dela, também é encontrável a resposta contrária, que mediante remendos "doutrinários" e menção aos mesmos dispositivos legais que conduziriam à determinação da inconstitucionalidade de determinada interpretação da lei de anistia, por ferir preceito fundamental, reconhece a recepção daquela lei de 1979 pelo bloco de constitucionalidade hoje considerado vigente.[22] O direito positivo

20. Cf. Mateus, Lucas e Marcos, quem nega o Espírito Santo não merece perdão. Jesus, ao vivenciar o Yom Kippur, leu na Sinagoga de Nazaré as palavras do profeta Isaías: *todos são perdoados neste dia, menos quem atenta contra o próprio dia, menos quem nega o poder reconciliador do perdão.*

21. "Hier ist das Bewuβtsein, daβ keine Sünde ist, die nicht vergeben werden kann, wenn der natürliche Wille aufgegeben wird, – nur nicht die Sünde gegen den Heiligen Geist, das Leugnen des Geistes; denn er nur ist die Macht, die alles aufheben kann." HEGEL, Georg F. W. *Vorlesungen über die Philosophie der Religion II.* Vorlesungen über die Beweisung Dasein Gottes. 1. Aufl. Suhrkamp, 1986. p. 325 (Werke 17).

22. "Eis o que se deu: a anistia da lei de 1979 foi reafirmada, no texto da EC 26/1985, pelo Poder Constituinte da Constituição de 1988. Não que a anistia que aproveita a todos já não seja mais a da lei de 1979, porém a do artigo 4.º, § 1.º, da EC 26/1985. Mas estão todos como que [re]anistiados pela emenda, que abrange inclusive os que foram condenados pela prática de crimes de terrorismo, assalto, sequestro e atentado pessoal. Por isso não tem sentido questionar se a anistia, tal como definida pela lei, foi ou não *recebida* pela Constituição de 1988. Pois a nova Constituição a [re]instaurou em seu ato originário. A norma prevalece, mas o texto – o mesmo texto – foi substituído por outro. O texto da lei ordinária de 1979 resultou substituído pelo texto da emenda constitucional. A emenda constitucional produzida pelo Poder Constituinte originário constitucionaliza-a, a anistia. E de modo tal que – estivesse o § 1.º desse artigo 4.º sendo questionado nesta ADPF, o que não ocorre, já que a inicial o ignora – somente se a nova Constituição a tivesse afastado expressamente poderíamos tê-la como incompatível com o que a Assembléia Nacional Constituinte convocada por essa emenda constitucional produziu, a Constituição de 1988. 55. A Emenda Constituciona n. 26/85 inaugura a nova ordem constitucional. Consubstancia a ruptura da ordem constitucional que decairá plenamente no advento da Constituição de 5 de outubro de 1988. Consubstancia, nesse sentido, a *revolução branca* que

pós 1988, como moldura, não oferece senão "indicativos formais", suspensos no limbo da história, aguardando por atualização hermenêutica. A escolha do intérprete, embora passe pelas disposições normativas, não se determina por elas. No choque dos diferentes nomos possíveis, a opção por um outro é invariavelmente efetivada com recurso a elementos metapositivos, sejam eles enunciados ou não. O caminho do primeiro romantismo teria conduzido o STF a um lugar diferente, ainda que visitando os mesmíssimos *topoi*.

2.2 Caso ENEM: quando o Estado laico esmaga nomoi *minoritários*

O Plenário do Supremo Tribunal Federal (STF), por maioria de votos, manteve, em sede de Suspensão de Tutela Antecipada (STA), em 2009, decisão da Presidência da Corte que suspendeu ato do Tribunal Regional Federal da 3ª Região[23] que obrigava a União a marcar data alternativa para a realização das provas do ENEM para candidatos judeus e adventistas do sétimo dia, com o objetivo de que

a esta confere legitimidade. Daí que a reafirmação da anistia da lei de 1979 já não pertence à ordem decaída. Está integrada na nova ordem. Compõe-se na origem da nova norma fundamental". Voto do Ministro Eros Grau, relator da ADPF 153. Aqui se mostra de modo escancarado o problema da interpretação jurídica, que na linguagem da doutrina pura do direito, expressamente empregada por Eros Grau, pode ser traduzida da seguinte maneira: como se faz a escolha entre duas ou mais normas fundamentais que se pode pressupor como fundantes de uma experiência normativa? O ponto de apoio não se encontrará nas disposições normativas existentes, mas justamente a escolha dela é que lhes determinará os conteúdos possíveis. Significa dizer que a determinação do direito positivo, isto é, a construção da norma jurídica de decisão, é, a cada Augenblick, compelida, imposta por conteúdos metapositivos: compromissos ou princípios hermenêuticos. "Doch sehe ich heute noch deutlicher als früher die Grenze, bis zu der Positivismus in der Rechtserkenntnis geführt werden kann. Nur unkritischer Dogmatismus kann verneinen, ein System positiven Rechts sei voraussetzungslos möglich. Worauf es allein ankommt ist: sich des – relativen – a priori des Systems bewusst zu warden". KELSEN, Hans. *Das Problem der Souveränität und die Theorie des Völkerrechts*. Tübingen: Mohr Siebeck, 1920. Introdução, p. VI.

23. Especificamente, decisão do desembargador Mairan Maia nos autos do AgIn 2009.03.00.034848-0.

a prova não coincidisse com o sábado, dia guardado peles respectivas religiões.[24]

Com o percurso realizado até aqui, já foi possível estabelecer que na hermenêutica jurídica jogam papel a imaginação, a memória, o tato e mesmo o senso comum, variáveis metapositivas que possibilitam a experiência de um *nomos* insular, não oficial. Que são acessadas, consciente ou inconscientemente, no momento da escolha pelo modo pelo qual serão concretizados os "indicativos formais" da moldura normativa.

Após profunda reforma educacional, o ENEM passou a surgir como um exame de abrangência nacional. Dentre os milhões de alunos que acorrem para o concurso, há milhares deles que professam fé segundo a qual o dia de guarda é diverso daquele observado pelas igrejas majoritárias. Este dia, o sábado, não lhes aparece como um mero dia de descanso, mas sim como um dia em que algumas atividades ínsitas às envolvidas na submissão à prova de um concurso público estão religiosamente proibidas: o *nomos* religioso não se tolera alterações na *physis*. Por questões de conservadorismo processual relacionadas a não solidificada cultura da tutela coletiva entre nós, apenas uma minorias dentre milhares destes alunos que observam o sábado (mormente adventistas do sétimo dia e judeus) conseguiram

24. Trata-se, aqui, do Pedido de Suspensão de Tutela Antecipada número 389, bem como do correspondente Agravo Regimental interposto, julgado pelo STF em 23 de novembro de 2009, poucos dias antes da definitiva realização das provas do ENEM, naquele ano, em 5 e 6 de dezembro. "*Ementa*: Agravo Regimental em Suspensão de Tutela Antecipada. 2. Pedido de restabelecimento dos efeitos da decisão do Tribunal *a quo* que possibilitaria a participação de estudantes judeus no Exame Nacional do Ensino Médio (ENEM) em data alternativa ao *Sábado*. 3. Alegação de inobservância ao direito fundamental de liberdade religiosa e ao direito à educação. 4. Medida acautelatória que configura grave lesão à ordem jurídico- administrativa. 5. Em mero juízo de delibação, pode-se afirmar que a designação de data alternativa para a realização dos exames não se revela em sintonia com o principio da isonomia, convolando-se em privilégio para um determinado grupo religioso 6. Decisão da Presidência, proferida em sede de contracautela, sob a ótica dos riscos que a tutela antecipada é capaz de acarretar à ordem pública 7. Pendência de julgamento das Ações Diretas de Inconstitucionalidade n. 391 e n. 3.714, nas quais este Corte poderá analisar o tema com maior profundidade. 8. Agravo Regimental conhecido e não provido."

chegar ao STF para tentar fazer ouvir seus reclamos e poder, então, participar do ENEM. O que pediam estes jovens?

Assim como os presidiários, que se encontram em situação diversa da dos demais candidatos, pleiteavam uma data alternativa para realização do ENEM, não coincidente com o de sua guarda religiosa, de modo que o direito à liberdade religiosa, assegurado não só pelo documento constitucional (art. 5), mas também pela Declaração Universal de Direitos do Homem[25] fosse efetivado neste caso. Desejavam poder se submeter a uma prova que havia praticamente se convertido em obrigação imposta a todos os estudantes concluintes do ensino médio, na medida em que o acesso ao ensino superior passara, em grau crescente, a depender dos resultados obtidos nesta avaliação.

O STF se viu diante de uma escolhe e optou por suprimir o *nomos* insular que emergia da narrativa dos jovens judeus e adventistas do sétimo dia, no contexto de interpretação oficial que enxergava na reivindicação daquele grupo uma afronta à isonomia constitucional, consistente na impossibilidade de se oferecer, em datas distintas, provas diversas, mas com o mesmo nível de dificuldade, em razões de inviabilidades técnicas.

Ambas as decisões, a que concede e a que nega o pleito dos demandantes, neste caso, mostram-se dentro do marco do "direito possível": ambas representam possíveis concretizações dos indicativos formais da moldura e podem ser sustentadas pelos mesmos dispositivos constitucionais. Contudo, assumindo-se o caráter filosófico do problema hermenêutico, é possível apontar para a superioridade da concessão do pedido em relação à denegação.

O pleito daqueles jovens mostra-se em conformidade com o princípio organizador da República Brasileira, destinado a assegurar o

25. CF, art. 5.º, "VIII – ninguém será privado de direitos por motivo de crença religiosa ou de convicção filosófica ou política, salvo se as invocar para eximir-se de obrigação legal a todos imposta e recusar-se a cumprir prestação alternativa, fixada em lei"; Declaração de Direitos do Homem. Art. 18: "Toda a pessoa tem direito à liberdade de pensamento, de consciência e de religião; este direito implica a liberdade de mudar de religião ou de convicção, assim como a liberdade de manifestar a religião ou convicção, sozinho ou em comum, tanto em público como em privado, pelo ensino, pela prática, pelo culto e pelos ritos."

exercício dos direitos sociais e individuais, a LIBERDADE, a segurança, o bem-estar, o desenvolvimento, a igualdade e a justiça como VALORES SUPREMOS de uma sociedade fraternal, pluralista e sem preconceitos. Este o cerne do nomos que os jovens estudantes levaram até Brasília: a impossibilidade do exercício de direitos – liberdade religiosa e educação – justificada sob o manto da isonomia. O STF poderia ter refletido criticamente e reconstruído no caso a ordem normativa constitucional brasileira, de modo a determinar que não há como o Estado (Laico!),[26] em razão do nomos público – das temerosas razões

26. O que deve significar, afinal, o "Estado laico" como princípio organizador de nossa constituição jurídica historicamente presente? Para Gilmar Mendes: "O que se deve promover é a livre competição no *mercado* de ideias religiosas", algo que subjetivamente nos parece uma posição liberal pouco sensível à materialidade das crenças minoritárias. Para Ernst Böckenförde, em *Die Entstehung des Staats als Vorgang der Sakularisation* (*recht, staat, freiheit*) a questão demandada uma reflexão hermenêutica complexa que nos parece exemplar para evidenciar o problema da interpretação jurídica de que se vem falando. O primeiro princípio hermenêutico, de acordo com a visão histórica do direito, do Estado e de sua Igreja, na leitura de Bockenforde, determinar que se mostre o que significou a secularização do estado da Idade Média até o século XIX. A conclusão é a de que o Estado não deve adotar uma determinada característica definitiva (secularização), mas sim usar esta característica como um princípio constitutivo, como um *telos*. O católico Bockenforde, de modo sensível, termina o ensaio com um apelo aos correligionários para que entendam o Estado Secular não como algo inimigo, mas como uma oportunidade para realizar-lhes a liberdade religiosa. Além do modo de laicidade francesa de uma secularização distante, existe o modelo de neutralidade pública aberta, vigente na Alemanha, que parece compatibilizável com a realidade brasileira. Neste modelo, sem nenhuma forma de identificação, mantém-se a religião na esfera social (alias como Karl Marx previra, lembra o social-democrata Bockenforde). A diferenciação entre as duas formas de secularização emerge em casos como os discutidos nesta tese, tanto nos Estados Unidos, como no Brasil. São casos de *res mixtae*, que se revestem tanto de um aspecto político-secular, como de um aspecto espiritual religioso: "Diese gibt es überall dort, wo eine Religion sich nicht auf Gottesverehrung in Form von Liturgie und Kultus beschränkt, sondern auch das Leben in der Welt und Verhaltensgebote dafür ins sich einbegreift". "Die öffene Neutralität sucht hingegen einen Ausgleich herzustellen, indem das Bekenntnis und die Lebensfürhrungsmöglichkeit gemäss der Religion auch in öffentlichen Bereich, soweit mit den weltlichen Zwecken der staatlichen Ordnung vereinbar, durch die Rechtsordnung zugelaasen und in sie hineingenommen wird". Daí a conclusão do jurista constitucionalista alemão e ex-ministro do Tribunal Constitucional daquele país, de que a neutralidade estatal não se confunde com a ideia de indiferença: "insofern ist Religisonsfreiheit nicht teilbar und muss eine Öffenheit

de Estado –, negligenciar a tutela de *nomoi* particulares seguramente previstos no documento constitucional. Esta seria a opção pelo *nomos* insular, condizente com os princípios organizadores da ordem constitucional democrática de 1988.

Os caminhos para a decisão que acolhe o *nomos* insular não são qualitativamente distintos daqueles que conduziram à decisão do Supremo no caso. As disposições jurídicas mencionadas são as mesmas. Em uma ou noutra alternativa, ambas "direito possível", seria de interesse hermenêutico ver que à semelhança do documento constitucional brasileiro, outros documentos constitucionais asseguram a liberdade de crença e sua inviolabilidade.[27] Nenhuma

auch fur religiose Symbole anderer Bekentnisse Platz greifen". Seguindo idênticos princípios hermenêuticos, Winfried Brugger, o sucessor da cátedra de Max Weber em Heidelberg, também precomente falecido, afirmara, em mesa de debates por mim presidida, no Congresso Internacional de Filosofia do Direito do IVR, na Cracóvia, que entre o laicismo francês e o da união inglesa (conquanto não menos protetora das minorias) existe um modelo intermediário de estado secular, no qual, sustentamos, seria possível enquadrar o Brasil. Veja-se, a respeito, BRUGGER, Winfried. "Da hostilidade passando pelo reconhecimento até a identificação: modelos de Estado e igreja e sua relação com a liberdade religiosa". Trad. Ana Paula Barbosa-Fohrmann. *Direitos Fundamentais & Justiça*, revista do Programa de Pós-Graduação Mestrado e Doutorado em Direito da PUCRS, Porto Alegre, 10, p. 13-30, jan.-mar. 2010 (Überarbeitete portugiesisch-brasilianische Übersetzung von Nr. II 137).

27. Exemplificativamente, veja-se o artigo 4, I, do documento constitucional alemão. Ao julgar reclamação constitucional contra decisão judicial a Corte Constitucional alemã assim decidiu: "Num Estado no qual a dignidade humana é o mais alto valor e no qual a livre autodeterminação de cada indivíduo representa, ao mesmo tempo, um valor constitutivo da comunidade (política), a liberdade de crença garante ao indivíduo um certo espaço jurídico livre de intervenção estatal, no qual ele possa se orientar segundo o estilo de vida correspondente à sua convicção. Nesse sentido, a liberdade de crença é mais do que tolerância religiosa, ou seja, mais do que a mera tolerância da confissão religiosa ou da convicção não religiosa (BVerfGE 12, 1(3)). Ela inclui, por isso, não apenas a liberdade (interior) de ter ou não ter uma crença, mas também a liberdade exterior de manifestar a crença, professá-la e propagá-la (cf. BVerfGE 24, 236 (245)). Faz parte dessa garantia, ainda, o direito do indivíduo de orientar todo seu comportamento segundo os ensinamentos de sua crença, agindo de acordo com sua íntima convicção religiosa. Aqui, não são protegidas pela liberdade de crença apenas as convicções religiosas que se baseiam em dogma de fé. Antes disso, ela abrange também as convicções religiosas que, em face de uma situação concreta da vida, exijam, ainda que não coercitivamente, uma reação estritamente religiosa, que

destas corriqueiras estratégias forenses, contudo, é determinante para a resolução do problema hermenêutico, consistente na escolha fundante entre postura conservadora e postura progressiva. Apenas formalizam, instrumentalizam uma escolha condicionada por outra anterior: concretizam possibilidades dentro de uma moldura emoldurada ou na perspectiva do *nomos* oficial ou na do *nomos* insular, que pode se mostra redentor.

"Habitar em um nomos significa saber [escolher] como viver nele".[28] O STF decidiu pelo *nomos* oficial e a própria oficialidade revelou a fragilidade da decisão daquele Tribunal: poucos dias depois da interpretação conservadora camuflada no *topos* jurídico da isonomia, decisão administrativa do INEP revelou a possibilidade originária da u-topia dos estudantes que tiveram seu pleito denegado na corte suprema brasileira. A possibilidade de realização de ENEM em data diversa fora concedida aos presidiários que desejassem se submeter à prova.[29] Para os penitenciários, a realização de prova de idêntica dificuldade em data distinta era possível e isonômica. Aos judeus e adventistas do sétimo dia, negou-se esta sorte. Parece evidente que a este lugar não se chega pura e simplesmente por meio dos *topos* jurídicos. Há uma escolha prévia e determinante que constitui o problema de interpretação jurídica.

todavia é considerada como o melhor e o mais adequado meio para enfrentar uma circunstância da vida de maneira coerente com a atitude prescrita pela fé. De outra sorte, o direito fundamental da liberdade de crença não poderia ter um pleno desdobramento" (SCHWABE, Jurgen, org. *Cinqüenta anos de jurisprudência do Tribunal Constitucional alemão*, Berlin, Konrad Adenauer Stiftung E.V., 2005, p. 352).

28. "To inhabit a *nomos* is to know how to live in it." COVER, Robert M. "The Supreme Court, 1982 Term – Foreword: nomos and narrative", cit., p. 6.

29. Pouco tempo depois da tomada de decisão pelo colegiado do STF no Agravo Regimental ao pedido de Suspensão de Tutela Antecipada 389, vencido o Ministro Marco Aurélio, o INEP divulgou comunicado, em seu respectivo site na internet, em que anunciava a realização das provas do ENEM para "detentos" em dia diverso à data em que os demais candidatos se submeteriam àquelas avaliações. Os "detentos" realizariam as provas no dia 5 de janeiro de 2010 e o INEP garantia, no mesmo comunicado, que a prova aplicada aos detentos seria idêntica à aplicada aos demais candidatos, o que seria possível graças a Teoria da Resposta ao Item (TRI).

Robert Cover encerra *Nomos and Narrative* afirmando que devemos parar de circunscrever o *nomos*, convidando continuamente novos mundos.[30] No fundo, seu clamor hermenêutico consistia em possibilitar que mil *nomos* estivessem em condições de florescer. O STF, por sua vez, escolheu a narrativa oficial. O presidente do STF, em sua decisão, ressaltou a existência de outras confissões religiosas, "as quais possuem 'dias de guarda' diversos do dos autores". "A fixação da data alternativa apenas para um determinado grupo religioso configuraria, em mero juízo de delibação, violação ao princípio da isonomia e ao dever de neutralidade do Estado diante do fenômeno religioso", afirmou o ministro Gilmar Mendes. Salientou, ainda, que tal fato atesta o efeito multiplicador da decisão questionada, uma vez que, "se os demais grupos religiosos existentes em nosso país também fizessem valer as suas pretensões, tornar-se-ia inviável a realização de qualquer concurso, prova ou avaliação de âmbito nacional, ante a variedade de pretensões, que conduziriam à formulação de um sem--número de tipos de prova".

Não se pode deixar de ver, retrospectivamente, as vítimas pelo caminho, cujas vidas foram cortadas pela espada da justiça.[31] Ela poderia ter antecipado os caminhos do próprio Estado, que seriam trilhados administrativamente depois, sem ter violentado a existência daqueles estudantes. Mas não foi este o compromisso hermenêutico da corte, silenciado na comunicação do *topos* da isonomia.

2.3 Caso das organizações sociais: Prometheus olvidado

A questão endereçada aos intérpretes autênticos, ministros do STF, na ADIn 1.923,[32] consiste em saber se a Lei 9.637/1998, que dispõe sobre a qualificação de entidades privadas como organizações sociais, é ou não constitucional. Procura-se, adiante, apontar para

30. "We ought to stop circumscribing the nomos; we ought to invite new worlds" (p. 68, já mencionada em nota infra).

31. "[W]hichever story the [Supreme] Court chooses, alternative stories still provide normative bases for the growth of distinct constitutional worlds through the persistence of *groups* who findtheir respective meanings (...) in (...) radically different starting points." Cover, Robert M. "The Supreme Court, 1982 Term – Foreword: nomos and narrative", cit., p. 19.

32. STF. ADIn 1.923, relatoria do Min. Carlos Ayres Britto.

outra concretização possível dos indicativos formais oferecidos pela moldura constitucional, diversa daquela que vem prevalecendo na interpretação oficial. Quer-se evidenciar a contrariedade das medidas implementadas pela legislação em questão com relação aos princípios constitucionais norteadores da administração pública, notadamente na área de educação e saúde, que consubstanciam serviços públicos. Nos votos de alguns ministros, a escolha condicionada pelo frame do *nomos oficial* é comunicada a partir de fuga do problema, mediante insistência no fato de que o mercado já estava autorizado, antes mesmo da referida lei, a explorar serviços públicos.

À luz da historia do direito, valorizada desde a hermenêutica de Karl Friedrich von Savigny, é possível buscar na "explicação" do que significam, na essência, publico e privado, pistas para compreender a existência de outro *nomos* além do oficial, neste caso.

Aos gregos não era preciso justificar que o Estado se prestava a servir à coletividade. Estado (*Polis*) e cidadãos (Demos) se identificavam. O universo da Polis, ademais, era o universo de Diké, isto é, da justiça. Daí que as leis e sentenças (*dikai*) se afigurassem, enquanto emanações criadoras de direito, como espécie de constituição antiga, em constante renovação, porém em assonância com o espírito da justiça.

Nos tempos presentes, tudo parece se passar de modo diverso. No seio das chamadas reformas do Estado, dentre as quais desponta a reforma administrativa, autodeclarada modernizante, contrapõe-se a ineficiência da máquina estatal à agilidade da prestação privada de serviços. O Estado deixa de servir à coletividade para ser construído, discursivamente, como obstáculo à consecução das mais altivas finalidades públicas, que hão de ser melhor implementadas pelo chamado terceiro setor. Tudo se passa como se o Estado fosse ontologicamente ineficiente na persecução dos interesses da coletividade, fadado a atuações precárias.

É, com algum tempero, o que se pode verificar no seio da chamada reforma administrativa do Estado brasileiro, viabilizada não apenas pela EC 19/1998, como também por uma série de manifestações legislativas infraconstitucionais, dentre as quais aquela consubstanciada na Lei 9.637/1998, que instituiu por aqui a figura das Organizações Sociais e cuja determinação de inconstitucionalidade se torna imperativa quando emoldura a moldura constitucional a partir do *nomos insular* que clama por justiça social.

Sob o pretexto de uma propalada publicização, procura-se, no seio da referida reforma, realizar guinada em direção ao setor público não-estatal, de modo a lhe transferir a produção e a execução de serviços não exclusivos do estado, nomeadamente, nas áreas de saúde, educação, (serviços públicos!) ciência e tecnologia, cultura e proteção ambiental, mediante atuações subsidiadas pelo Estado, que passa a ser concebido como não mais como executor ou prestador direto de serviços, mas como regulador e promotor.

Tal processo de designada publicização ora em curso deve ser lido como privatização escamoteada. Como confusão entre as dimensões do público (*koinos*) e do privado (*oikos*), flagrantemente atentatória aos compromissos constitucionais de impessoalidade, isonomia e preponderância do interesse público, ocultada sob o discurso da eficiência e da modernização, na medida em que autoriza a contratação de entidades privadas com o poder público, assim como a destinação de recursos orçamentários, bens e equipamentos públicos a tais contratantes privados, independentemente de procedimento licitatório, em conformidade com os arts. 24, XXIV, da Lei 8.666/1994, e 12, § 3.º, da Lei 9.637/1998 e em desconformidade com as garantias do art. 37 do documento constitucional de 1988, se se os concretiza a partir de moldura previamente condicionada pela escolha fundante de um nomos insular.

Médicos são contratados sem concurso em diversos hospitais públicos que se tornaram fundações geridas por interesses do mercado. A legislação assume as qualidades negativas da poesia trágica denunciadas por Platão, na medida em que positiva discurso mistificador, ao elevar às alturas o terceiro setor, contrastado à modorrenta burocracia estatal.

Sob o manto de cooperação público-privado, tais articulações são realizadas em dissonância com as disposições constitucionais e com os princípios norteadores do direito público: dentre eles a exigência de procedimento licitatório para contratação de entes privados pela administração – decorrência da garantia de igualdade.

No intuito de fomentar a participação da sociedade civil na Administração, faculta-se ao Estado a conferência de certificações de títulos especiais a entidades privadas, como o de Organização Social. Atendidos os requisitos estabelecidos na legislação, autoriza-se tais entidades, especialmente qualificadas, a celebrar contratos de gestão com o poder público. Utiliza-se, em âmbito infraconstitucional, linguagem constitucionalmente consagrada (art. 37, § 8.º) para designar instituto de contornos diversos. Enquanto o contrato de gestão com assento constitucional se refere à atuação das chamadas agências executivas, assegurando-lhes maior autonomia gerencial, orçamentária e financeira, desde que observadas determinadas metas e resultados a serem alcançados, o contrato de gestão instituído pela Lei 9.637/1997 possibilita a contratação de entidades privadas, não pertencentes à administração pública, para prestação de serviços não privativos do Estado mediante inconstitucional dispensa de procedimento licitatório (art. 24, XXIV, da Lei 8.666 de 1993, alterada pela Lei 9.648 de 1998).

A instituição das Organizações Sociais na experiência brasileira, no contexto da designada reforma do Estado, fora operada, como se vê, mediante desastrada técnica legislativa, no que se refere ao instituto dos contratos de gestão. Sob a sutileza de uma linguagem juridicamente conforme, afastam-se tais organizações, em seus contornos legais, da juridicidade/constitucionalidade. Mediante apelo a figuras constitucionalmente consagradas, como o contrato de gestão (introduzido no documento constitucional pela EC 19/1998 – art. 37, § 8.º – posteriormente à regulamentação infraconstitucional das OS) e a colaboração privada, são transferidos recursos e cedidos equipamentos públicos a particulares cuja atuação é distinguida mediante a concessão do status de Organização Social, com dispensa de licitação – insista-se.

Conforme consta na manifestação da Procuradoria Geral da República, "o artigo 24, XXIV, da Lei 8.666/1994 contradiz a justificativa teórica da Lei 9.637/1998", pois, sob a retórica da eficiência, "nada justifica que a organização social tenha uma prerrogativa absoluta. Sua contratação só tem cabimento se tal opção se mostrar técnica e constitucionalmente válida", o que depende da observância do devido procedimento licitatório.

Nesse particular, convém mencionar trecho do voto do então Ministro Eros Grau, manifestando-se no sentido de concessão de liminar para a suspensão dos dispositivos das Leis 9.637/1998 e 8.666/1993 impugnados na inicial introduzindo o principio hermenêutico de que a constituição deve ser interpretada como um todo seguindo os princípios organizadores, tais como vimos na lição praticada pelo hermeneuta Hans Kelsen, em 1932:

> "A circunstância de o art. 37, XXI, permitir seja excepcionada, nos casos previstos em lei, a exigência de licitação para a seleção dos que poderão celebrar contratos com a Administração, essa circunstância não libera o legislador para, discricionariamente, afastar o certame quando lhe aprouver. Permito-me tornar a dizer que não se interpreta a Constituição em tiras, aos pedaços. Tenho insistido em que a interpretação do direito é *interpretação do direito, não de textos isolados, desprendidos do direito. Não se interpreta textos de direito, isoladamente, mas sim o direito – a Constituição – no seu todo.* Por isso, embora a Constituição autorize o legislador a excepcionar a exigência da licitação, ele o fará, se e quando o fizer, sob as vinculações que a totalidade normativa que a Constituição é, impõe, especialmente a vinculação pela igualdade."[33]

O título de OS se perfaz como gerador de qualidades mágicas, na medida em que sua outorga vem acompanhada de benefícios não acessíveis aos não portadores dessa honraria, configurando-se efetiva concessão de privilégios. Procura-se revestir de aparência de juridicidade, mediante manejo da linguagem, uma prática sabidamente inconstitucional, não apenas por não se ajustar ao documento constitucional, mas, sobretudo, por dissonar do espírito da Polis.

A Lei 9.637/1998 outorga discricionariedade ao agente público na escolha das entidades privadas a serem qualificadas como organizações sociais, bastando o preenchimento dos tímidos requisitos enunciados nos arts. 1.º e 2.º, dispensando-se o exigível procedimento público de licitação (art. 37, XXI, da CF), em arrepio à imposição constitucional de isonomia (art. 5.º da CF).

33. Voto-vista do Min. Eros Grau na Medida Cautelar na ADIn 1923, 02.08.2007.

Serviços não privativos do Estado, como aqueles contemplados pela lei das OS, independentemente de qualquer inovação legislativa, já podiam, em conformidade com o documento constitucional de 1988, ser realizados por entes não estatais sob a forma de atividade econômica, desde que às suas próprias expensas. Possibilitar a prestação de tais serviços por entidades privadas a que se confere o titulo de Organizações Sociais sem exigir que comprovem capacidade técnica ou que sejam aquelas a apresentar a melhor proposta à Administração, isto é, com dispensa injustificada de procedimento licitatório, representa burla constitucional, que se pretende amparar na indemonstrada idéia de que os particulares se mostram mais eficientes no desempenho de determinadas tarefas do que o moroso aparato burocrático estatal.

Consagra-se legalmente mais um mito, dessa vez destituído de potencialidade educadora, antes revelando-se apto a seduzir e enganar. Com os mitos, já ensinara Platão, há que se ter cuidado, tanto mais quando procuram ocultar práticas inconciliáveis com o sentido de universalidade imanente à idéia de Estado, que deve servir a todos e não a uma minoria magicamente caracterizada por títulos quaisquer.

Se é para se deixar embalar pelos mitos, que se aprenda com as lições de Protágoras. Embora Prometheus tenha concedido aos homens o fogo (a *techné*), não se pode constituir politicamente uma comunidade em que se revelem ausentes o respeito (*aidos*) e a justiça (*diké*). Não é admissível que sob a batuta ideologizante da eficiência sejam atropeladas garantias constitucionais que pretendem assegurar atribuições igualitárias, sob pena de solapar o respeito que os cidadãos devem nutrir pela Polis, o qual somente prospera enquanto é mantida acesa a chama do espírito público. As "cidades" não poderão subsistir se respeito e justiça forem privilégios de poucos.

Não está em jogo a simples avaliação de compatibilidade formal de dispositivos infraconstitucionais com dispositivos do documento constitucional. A própria avaliação desta compatibilidade ou não é condiciona pelo emolduramento prévio da moldura constitucional. Não se pode deixar enganar pelo hábil manejo dos *topoi* hermenêuticos oferecidos pela *praxis* e pela dogmática. Há dois direitos possíveis a partir dos mesmíssimos textos legais que podem ser interpretados de infinitas maneiras, mas que deverão conduzir a concretização de um ou outro *nomos*, o oficial ou o insular, potencialmente redentor. O problema é fundante: que *nomos* escolher, quando se opõe interesses econômicos privados aos interesses da Polis, aos interesses de cada um dos cidadãos brasileiros dependentes de serviços adequados de educação e saúde?

CAPÍTULO VI

REGULAE JURIS: AFORISMOS E ADÁGIOS SOBRE A HERMENÊUTICA JURÍDICA

Compatível com as sendas filosóficas até aqui trilhadas seria um desfecho à la "dialética sem síntese", apresentado como a colocação de "outras maiores perguntas" que convidam ao diálogo, resistindo-se à tentação de emanação de novo "decálogo" hermenêutico. Não poderíamos, com coerência, encerrar o percurso com o estabelecimento de "cânones" ou "princípios hermenêuticos". Esta modalidade de "teoria da interpretação" já tarda em desaparecer, como se pode depreender dos movimentos anteriores desta tese. Sem desejar, contudo, escapar à expectativa de uma derradeira provocação, isto é, do compartilhamento final de inquietações remanescentes, ousamos, aqui, registrar algumas "regulae juris", que devem ser recebidas como "idéias a levar em conta" na tematização da hermenêutica jurídica, apontando sabidamente frágeis diretrizes ao afazer hermenêutico da *praxis* do direito.

1. Ao contrário do que sustentam as teses tradicionais no campo da hermenêutica jurídica, não há demarcação entre duas possibilidades de "apreensão de sentido", uma imediata e irrefletida, a partir da textualidade das expressões, e outra refletida, decorrente de processos interpretativos. Toda compreensão linguística (de quaisquer signos e sinais) se mostra como "atribuição de sentido" e ocorre sempre no fluxo hermenêutico: só há sentido na interpretação.[1]

2. A atribuição de sentido ao comportamento humano ou aos produtos deste comportamento no campo jurídico está sujeita a variáveis metapositivas e mesmo as disposições jurídicas não oferecem indicações unívocas à significação das condutas humanas. A *textura aberta da linguagem*[2] deve ser percebida como apenas um dos múltiplos fatores inviabilizadores de uma única resposta correta no direito.

3. As disposições normativas (tradicionalmente designadas por "normas jurídicas", que, na linha de Ascarelli reaparecem como meros textos) não esgotam a totalidade do material hermenêutico, isto é, não representam a totalidade do *interpretandum* no direito. Funcionam, a um só tempo, como material hermenêutico, a ser interpretado, e como meio hermenêutico, oferecendo "indicativos formais" a serem concretizadas pelo intérprete. O que se interpreta, primordialmente, no direito, são condutas humanas, comunicadas, no caso da interpretação judicial, mediante relatos fáticos parciais, ou seja, versões a serem interpretadas.

4. Há significados primordiais cuja explicitação deve ser buscada pelo intérprete, num processo de interpretação como *reflexão crítica*. Tais significados precedem aos textos e imprimem sentidos possíveis às molduras normativas, condicionando-as, de modo consciente ou não.[3] Trata-se de uma espécie de "princípio organizador", como identificou Hans Kelsen ao introduzir a controvertida *Grundnorm* no

1. Gadamer, Hans-Georg. *Wahrheit und Methode: Grundzüge einer philosophischen Hermeneutik*, cit., p. 312.

2. Hart, Herbert. *The concept of law*. 2nd ed. Oxford: Clarendon Press, 1961. p. 121.

3. Trata-se, aqui, do "hermeneutischer Zirkel" de que falam Martin Heidegger e Hans-Georg Gadamer. Heidegger, Martin. *Sein und Zeit*, cit., p. 32; e Gadamer, Hans-Georg. *Wahrheit und Methode: Grundzüge einer philosophischen Hermeneutik*, cit., p. 270.

debate jurídico, mas que na realidade não é unívoco: pode mostrar-se como determinante de *nomos oficial* ou de *nomoi insurgentes*, pelos quais se tem de optar a cada *Augenblick* hermenêutico, não bastando sua pressuposição de uma vez por todas.

5. O autêntico problema da hermenêutica jurídica consiste na assunção de uma inevitável escolha entre dois *nomoi* que se digladiam, a cada decisão jurídica. Cânones e princípios hermenêuticos não conduzem ao resultado hermenêutico, antes são conduzidas pela escolha fundante a ser feita entre *nomos oficial* e *nomos insurgente*, entre hermenêutica conservadora e progressista, tendencialmente revolucionária. Manejando as mesmas disposições jurídicas diferentes protagonistas da vivência do direito estão autorizados a sustentar a plausibilidade e juridicidade de diferentes e mesmo opostas decisões. As indicações formais das molduras normativas não determinam originariamente a decisão a ser tomada pelo intérprete, mas são condicionadas pela escolha fundante por ele realizada, a qual é afetada por variáveis metapositivas.

6. Na perspectiva fenomenológica, um "texto" somente pode ser interpretado de modo que lhe sejam atribuídos sentidos aos quais já se encontrava originariamente aberto. A abertura de que se fala aponta para o metapositivo, que termina por condicionar as interpretações jurídicas. No Brasil, o documento constitucional de 1988 se abre – deve-se por isso hermeneuticamente lutar! – somente à democracia e a justiça-social, que devem constituir os fundamentos de um *nomos insurgente* pelo qual se pode e deve optar a cada *Augenblick* hermenêutico.

7. A escolha pelo *nomos insurgente* funda uma hermenêutica radical, ciente das decisões a serem tomadas pelo intérprete e infensa às camuflagens canônicas e principiológicas do discurso tradicional, que pretende apresentar como preponderantemente racional e juridicamente controlável a tomada de decisão normativa. A hermenêutica radical aqui proposta parte da desconstrução da metafísica ocidental, começando em 1800 e apontando para o "claire-obscur" hermenêutico (vide etimologia da palavra!). A cada "Lichtung", no sentido de Martin Heidegger, percebe-se um jogo de luz e sombra. Trata-se de uma hermenêutica que opera a partir das categorias da *incerteza* (*indicativos formais*) e não da *certeza* jurídica.[4] Assume-se, desde a larga, que inexiste "*in claris cessat interpretatio*" e apresenta-se a cambiável concretização do direito como determinada por fatores metapositivos. Quanto mais nos aproximamos da compreensão do fenômeno (jurídico no nosso caso, religioso no caso de Heidegger), mais ele se torna misterioso.[5]

8. A hermenêutica radical parte das "indicações formais" (na linguagem de Heidegger) das molduras normativas, mas percebe que nelas não se resolve o problema hermenêutico. Embora apontem para a concretização do direito, é preciso, mediante *reflexão crítica*, utilizá-las como *pedras de subida*, na direção dos *nomoi fundantes*, a fim de que se possa compreender o fenômeno analisado: no caso de Heidegger a experiência religiosa, no nosso, a jurídica. A partir das molduras normativas, qual a experiência originária, qual o *Krinein* autêntico, dentre as possibilidades existentes? A hermenêutica radical percebe que a resposta a esta questão conduz para além da moldura, revelando a potência da simplicidade da lição romana, reiterada por Savigny e pela jovem Escola Jurídica de Viena: Jus é maior do que Lex.

Descritivamente, trata-se de mostrar que os *topoi hermenêuticos* são determinados por algo que se situa além deles e condiciona as possibilidades das molduras normativas. Normativamente, trata-se de lutar para que estes *topoi* sejam conectados constantemente a uma

4. IMDAHL, George. *Das Leben verstehen: Heideggers formal anzeigende Hermeneutik in den frühen Freiburger Vorlesungen*. Würzburg: Königshausen & Neumann, 1997. p. 19: "Es liegt in der methodischen Intention der formalen Anzeige, dass die Philosophie nicht lediglich ihre Gedanken begrifflich formuliert, sondern dass sie darüber hinaus selbst eine authentische Situation initieren will; die Applikation ist zentrales Thema der formalen Anzeige".

5. Não se trata de endossar o misticismo, antes pelo contrário. "Nicht die mystische Versenkung und besondere Anstrengung, sondern das Durchhalten der Schwachheit des Lebens wird entscheidend. Das Leben ist für Paulus kein blosser Ablauf von Ereignissen, es *ist* nur, sofern er es *hat*". HEIDEGGER, Martin. *Einleitung in die Phänomenologie der Religion*, cit., p. 100.

u-topia: a da realização das promessas do documento constitucional de 1988, no caso brasileiro.

Quando um jovem professor, no ano de 1919, em Freiburg, ministrou seu curso de verão, enxergou na escatologia das Epístolas Paulíneas um modelo para uma vida no cristianismo radicado em experiência fática e histórica na origem da comunidade cristã. Paulo vivenciava o tempo como *Augenblick*: decisões determinantes são exigidas a cada instante. Trata-se de experiência cairológica (*kairos*) e não meramente cronológica. Uma revelação que espanta o comodismo e clama para que o homem se prepare agora, imediatamente, para a salvação, mesmo que não se saiba quando o Senhor virá – e ele há de vir como um bandido subversivamente noturno, surpreendendo a todos. Hermeneuticamente, não se pode saber de antemão se as interpretações pelas quais se lutam representam a vida autêntica e verdadeira. Inicialmente, não há mais que indicativos formais (moldura kelseniana!). Contudo, é tarefa da filosofia hermenêutica levar em conta a possibilidade da escolha entre diferentes princípios (*nomoi*) e indicar uma vida de acordo com o este *Kairos* inusitado.

A proposta de uma hermenêutica radical nos religa às origens da hermenêutica moderna. Aponta para as origens em duplo sentido: (a) desvela o autêntico problema da interpretação, na tomada de uma decisão fundamente (radical) entre nomos contrapostos, e (b) retoma a utopia romântica primordial: trata-se de secularmente estabelecer o Reino de Deus na Terra. *Herkunft aber bleibt stets Zukunft!*[6]

6. HEIDEGGER, Martin. "Aus einem Gespräch von der Sprache" (1953). In: HEIDEGGER, Martin.*Unterwegs zur Sprache*. Tübingen: Verlag G. Neske, 1959. p. 96.

BIBLIOGRAFIA

ASCARELLI, Tullio. "Antigone e Porzia". In: _____. *Problemi giuridici.* Milano: Giuffrè, 1959.

_____. "Giurisprudenza costituzionale e teoria dell'interpretazione giuridica". *Rivista di Diritto Processuale*, Milano, 1957.

_____. *Problemi giuridici.* Milano: Giuffrè, 1959.

_____. "Tema di interpretazione ed applicazione della legge (letera al pro. Carnelutti)". In: _____. *Problemi giuridici.* Milano: Giuffrè, 1959. t. 1.

ASSMANN, Jan. "Der Fortschritt in der Geistigkeit. Sigmund Freuds Konstruktion des Judentums". *Psyche*, vol. 56, n. 2, p. 154-171, Febr. 2002.

_____. *Moses der Ägypter: Entzifferung einer Gedächtnisspur.* 5. Aufl. Frankfurt am Main: Fischer Taschenbuch, 2004.

BENJAMIN, Walter. "Der Begriff der Kunstkritik in der deutschen Romantik". In: HERBERTZ, Richard (Ed.). *Neue Berner Abhandlungen zur Philosophie und ihrer Geschichte.* Bern: A. Francke Verlag, 1920. vol. 5.

_____. Zur Kritik der Gewalt (1920-1921). In: TIEDEMANN, R.; SCHWEPPENHÄUSER, H (Hrsg.). *Walter Benjamin Gesammelte Schriften.* Suhrkamp: Frankfurt a.M., 1999. vol. II.1.

BERGER, Peter. *O dossel sagrado: elementos para uma teoria sociológica da religião.* São Paulo: Paulinas, 1985.

BETTI, Emilio. *Teoria generalle della interpretazione.* Milano: Giuffrè, 1955.

BÖCKENFÖRDE, Ernst-Wolfgang. "Die Entstehung des Staats als Vorgang der Sakularisation". In: _____. *Recht, Staat, Freiheit: Studien zu Rechtsphi-*

losophie, Staatstheorie und Verfassungsgeschichte. Erweiterte Ausgabe. Suhrkamp Verlag; Auflage: Erw. Ausgabe, 1992.

BOECKH, August. *Enzyklopädie und Methodologie der philologischen Wissenschaften.* Leipzig: Teubner, 1877.

BRUGGER, Winfried. "Da hostilidade passando pelo reconhecimento até a identificação: modelos de Estado e igreja e sua relação com a liberdade religiosa". Trad. Ana Paula Barbosa-Fohrmann. *Direitos Fundamentais & Justiça*, revista do Programa de Pós- Graduação Mestrado e Doutorado em Direito da PUCRS, Porto Alegre, 10, p. 13-30, jan.-mar. 2010.

CELAN, Paul. *Meridian und andere Prosa.* 1. Aufl. Frankfurt am Main: Suhrkamp, 1988. p. 55-62.

COMPARATO, Fábio Konder. *O direito e o avesso.* Manuscrito gentilmente encaminhado pelo autor. 16 p.

COVER, Robert M. "The Supreme Court, 1982 Term – Foreword: nomos and narrative". *HeinOnline, Harvard Law Review*, vol. 97, n. 4, 1983-1984. Yale Faculty Scholarship Series. Paper 2705.Disponível e m : <http://digitalcommons.law.yale.edu/fss_papers/2705/>.

_____. "Violence and the Word" (1986). *Yale Faculty Scholarship Series.* Paper 2708. Disponível em: <http://digitalcommons.law.yale.edu/fss_papers/2708 p. 1601>.

DERRIDA, Jacques. "Force of law: the mystical foundation of authority". *Cardozo Law Review*, vol. 11 p. 920-1045, Novol. 1990.

EHRLICH, Eugen. *Grudlegung der Soziologie des Rechts.* 2. Aufl. München; Leipzig: Duncker & Humboldt, 1929.

_____. *Juristische Logik.* 2. Aufl. Tübingen: Mohr, 1925.

ÉSQUILO. *Eumênides.* Estudo e tradução: Jaa Torrano. São Paulo: Iluminuras; Fapesp, 2004.

FICHTE, Johann G. *Wissenschaftslehre nova methodo.* 2. Aufl. Hrsg. von Erich Fuchs. Hamburg: Meiner, 1994.

FORSTHOFF, Ernst. *Lehrbuch des Verwaltungsrechts.* Allgemeiner Teil. Munique: C.H.Beck, 1950. Bd. 1.

_____. *Recht und Sprache: Prolegomena zu einer richterlichen Hermeneutik.* Halle: Niemeyer, 1940.

FORSTHOFF, Ernst. *Rechtsstaat im Wandel*: Verfassungsrechtliche Abhandlungen 1950- 1964. Stuttgart: Kohlhammer, 1964.

_____. *Rechtsstaatlichkeit und Sozialstaatlichkeit*. Darmstadt: Wissenschafliche Buchgesellschaft, 1968.

_____. *Der Staat der Industriegesellschaft*. Munique: C.H. Beck, 1971.

_____. *Der totale Staat*. Hanseatische Verlagsanstalt: Hamburg, 1934.

_____. *Die Verwaltung als Leistungsträger*. Stuttgart; Berlin: Kohlhammer, 1938.

FORSTHOFF, Ernst; SCHMITT, Carl. *Briefwechsel 1926-1974*. Ed. Angela Reinthal, Reinhard Mußgnug und Dorothee Mußgnug, unter Mitarbeit von Gerd Giesler und Jürgen Tröger. Berlin: Akademie, 2007.

FREUD, Sigmund. *Der Mann Moses und die monotheistische Religion*. 1938.

GADAMER, Hans-Georg. "Emilio Betti und das idealistische Erbe". *Quaderni Fiorentini per la Storia del Pensiero Giuridico Moderno*, Milano, vol. 7, p. 5-11, 1978.

_____. "Hermeneutik und Historismus". *Philosophische Rundschau*, Tübingen, vol. 9, p. 241- 276, 1961.

_____. "Martin Heidegger's one path". Transl. by P. Christopher Smith. In: KISIEL, Theodore; BUREN, John van (Eds.). *Reading Heidegger from the start: essays in his earliest thought*. New York: State University of New York, 1994. p. 19-33.

_____. *Quem sou eu, quem és tu?: comentário sobre o ciclo de poemas Hausto--Cristal de Paul Celan*. Tradução e apresentação de Raquel Abi-Sâmara. Rio de Janeiro: Ed. UERJ, 2005.

_____. *Wahrheit und Methode II*. 2. Aufl. Tübingen: J. C. B. Mohr, 1993.

_____. *Wahrheit und Methode: Grundzüge einer philosophischen Hermeneutik*. 6. Aufl. Tübingen: J.C.B. Mohr, 1990.

_____. "Wer bin ich und wer bist du?" (1986). In: _____. *Gesammelte Werke: Ästhetik und Poetik II*. Tübingen: J.C.B. Mohr, 1993. Bd. 9.

HABERMAS, Jürgen. *Zur Logik der Sozialwissenschaften*. Frankfurt: Suhrkamp, 1982.

HAFERKAMP, Hans-Peter. "Art. Begriffsjurisprudenz". In: *Enzyklopädie zur Rechtsphilosophie*. Erstpublikation 8. Apr. 2011.

_____. *Georg Friedrich Puchta und die 'Begriffsjurisprudenz'*. Frankfurt am Main: Klosterman, 2004.

HANS, Hans. "Existenzialismus und Rechtswissenschaft". Review of Gabriel Cohn. *American Journal for International Law*, vol. 53, 1959.

HART, Herbert. *The concept of law*. 2nd ed. Oxford: Clarendon Press, 1961. HEGEL, Georg F. W. *Frühe Schriften*. Werke I. Suhrkamp, 1986.

_____. *Vorlesungen über die Philosophie der Religion II*. Vorlesungen über die Beweisung Dasein Gottes. 1. Aufl. Suhrkamp, 1986. (Werke 17).

HEIDEGGER, Martin. "Aus einem Gespräch von der Sprache" (1953). In: HEIDEGGER, Martin. *Unterwegs zur Sprache*. Tübingen Verlag G. Neske. 1959.

_____. *Einleitung in die Phänomenologie der Religion*. Frankfurt: Vittorio Klostermann, 1995.

_____. *Sein und Zeit*. 19. Aufl. Tübingen: Max Niemeyer, 2006 [1927].

HÖLDERLIN, Friedrich. *Das Werden im Vergehen*. Stuttgart: Cotta, 1962. (Sämtliche Werke, Bd. 4).

IMDAHL, George. *Das Leben verstehen: Heideggers formal anzeigende Hermeneutik in den frühen Freiburger Vorlesungen*. Würzburg: Königshausen & Neumann, 1997.

JANSEN, Letacio; MANNHEIMER, Marcia Latge. "Notas sobre o livro *Hans Kelsen – Vida e obra*, de Rudolf Alladar Metall". *Revista de Direito da Procuradoria Geral do Estado*, Rio de Janeiro, vol. 49, p. 145-160, 1996.

JESTAEDT, Matthias. "Hans Kelsens Reine Rechslehre. Eine Einführung". In: KELSEN, Hans. *Reine Rechtslehre*. Hrsg. von Matthias Jestaedt. Tübingen: Mohr Siebeck, 2008.

_____. "(Berichter). Diskussion – Die Weimarer Jahre". JESTAEDT, Matthias (Hrsg). *Hans Kelsen und die deutsche Staatsrechtslehre*. Tübingen: Mohr Siebeck, 2013.

JHERING, Rudolph von. *¿Es El Derecho una Ciencia?* Granada: Editorial Comares, 2002.

_____. *Scherz und Ernst in der Jurisprudenz*. Leipzig: Breitkopf & Härtel, 1884.

KAMMERHOFER, Jörg. *Uncertainty in international law: a Kelsenian perspective*. London: Routledge, 2011.

KANT, Immanuel. *Kritik der reinen Vernunft*. Ed. Jens Timmerman. Hamburg: Meiner, 1998.

KANTOROWICZ, Hermann. "Miszellen – Savignys Marburger Methodenlehre". *Zeitschrift der Savigny-Stiftungfür Rechtsgeschichte*, vol. 53, p. 465-472, 1933.

_____. "Was ist uns Savigny?" *Recht und Wirtschaft*, n. 2, 1911-1912.

KELSEN, Hans. "Autobiographie" (1947). In: JESTAEDT, Matthias; HANS KELSEN--INSTITUT (Eds.). *Hans Kelsen Werke*. Mohr Siebeck Gmbh & Co., 2007. vol. 1, p. 29-91.

_____. "Juristischer Formalismus und reine Rechtslehre". *Jurisitsche Wochenschrift*, vol. 58, 1723-1726, Jah. 1929.

_____. *Lehre von der Souveränität*. Einleitung, 1920.

_____. *Das Problem der Souveränität und die Theorie des Völkerrechts*. Tübingen: Mohr Siebeck, 1920.

_____. *Reine Rechtslehre*. 2. Aufl. Wien: Franz Deuticke, 1960.

_____. "Das Urteil des Staatsgerichtshofs vom 25 Oktober 1932". *Die Justiz*, Berlin, t. 8, p. 65-91, nov.-dez. 1932. Caderno 2/3.

KIRCHMANN, Julius Hermann von. *Die Wertlosigkeit der Jurisprudenz als Wissenschaft. Nachdruck*. Heidelberg: Manutius Verlag, 1988.

KOEHLER, Benedikt. *Asthetik der Politik: Adam Muller und dia politische Romantik*. Stuttgart: Klett-Cotta, 1980.

_____. "Die Gesetzauslegung im englischen und angloamerikanischen Recht". *Archiv für bürgerliches Recht*, vol. 38, 1913.

_____. "Über die Interpretation von Gesetzen". *Grünhuts Zeitschrift*, Bd. XIII, 1886.

KOSCHAKER, Paul. *Europa und das römischeRecht*. 4. Aufl. München: C.H. Beck, 1966.

KOSKENNIEMI, Martti. "International Law in Europe: between tradition and renewal". *European International Legal Journal*, n. 16, n. 1, p. 113-124, Feb. 2005.

LARENZ, Karl. *Methodenlehre der Rechtswissenschaft*. Berlin: Springer, 1960.

_____. *Methodenlehre der Rechtswissenschaft*. 3. Aufl. Berlin: Springer, 1975.

LEBOVIC, Nitzan. "Near the End: Celan, between Scholem and Heidegger". *The German Quarterly*, vol. 83, n. 4, p. 465-484, 2010.

LORAUX, Nicole. *La cité divisée. L'oubli dans la mémoire d'Athènes*. Paris: Payot, 1997.

LOSANO, Mario G. *Teoria pura del derecho: evolucion y puntos cruciales*. Traducción de Jorge Guerrero R. Santa Fe de Bogota: Editorial Temis, 1992.

MENKE, Christoph. *Recht und Gewalt*. 2. Aufl. Berlin: August Verlag, 2012.

MERKL, Adolf. *Die Lehre der Rechtskraft*. Leipzig: F. Deuticke, 1923.

MONTAIGNE, Michel de. *Les Essais*. Bordeaux: Féret et Fils, 1580. (Publications de la Société des bibliophiles de Guyenne).

NESCHWARA, Christian. "Hans Kelsen und das Problem der Dispensehen". In: WALTER, R.; OGRIS, W.; OLECHOWSKI, T. (Hrsg.). *Hans Kelsen*: Leben – Werk – Wirksamkeit. Manz'sche Wien, 2009. (Schritenreihe des Hans Kelsens-Instituts, Kelsen Reihe, Bd. 32).

OSBORNE, Grant R. *The hermeneutical spiral: a comprehensive introduction to biblical interpretation.* Revol. and enl. Downers Grove, IL: InterVarsity, 2006.

PALMER, Richard. *Hermenêutica.* Trad. Maria Luísa Ribeiro Ferrira. Lisboa: Ed. 70, 1969.

PUCHTA, Georg Friedrich. *Cursus der Institutionen.* Leipzig: Breitkopf und Härtel, 1841. Bd. 1.

ROSS, Alf. *Theorie der Rechtsquellen: ein Beitrag zur Theorie des positiven Rechts auf Grundlage dogmen historischer Untersuchungen.* Leipzig: Deuticke, 1929.

RÜCKERT, Joachin. *Idealismus, Jurisprudenz und Politikbei Friedrich Carl von Savigny*. Ebelsbach: Verlag Rolf Gremer, 1984.

RÜTHERS, Bern. *Carl Schmitt im Dritten Reich: Wissenschaft als Zeitgeist-Verstärkung?* C. H. Beck, 1989.

SAVIGNY, Friedrich Karl von. *Geschichte des römischen Rechtsim Mittelalter*. 5. Aufl. Heidelberg: Mohr, 1834-51. Reimpr. Aalen: Scientia, 1986. 7 vols.

_____. *Savignys Marburger Juristische Methodenlehre*. Ed. por Gerhard Wesenberg, Stuttgart: Kohler, 1951.

_____. *System des heutigen römischen Rechts.* Berlim: Veit Verlag, 1840. Bd. 1.

SCHLEGEL, Friedrich. "Athenäums-Fragmente". In: BEHLER, Ernst; ANSTETT, Jean-Jacques; EICHNER, Hans (Hrsg). *Kritische Friedrich-Schlegel-Ausgabe.* Erste Abteilung: Kritische Neuausgabe. München, Paderborn, Wien: Schöningh; Zürich: Thomas, 1967. Bd. 2.

_____. "Lyceums-Fragmente". In: BEHLER, Ernst; ANSTETT, Jean-Jacques; EICHNER, Hans (Hrsg). *Kritische Friedrich-Schlegel-Ausgabe.* Erste Abteilung: Kritische Neuausgabe. München, Paderborn, Wien: Schöningh; Zürich: Thomas, 1967. Bd. 2.

_____. “Über das Wesen der Kritik”. In: Behler, Ernst; Anstett, Jean-Jacques; Eichner, Hans (Hrsg). *Kritische Friedrich-Schlegel-Ausgabe*. Erste Abteilung: KritischeNeuausgabe. München, Paderborn, Wien: Schöningh; Zürich: Thomas, 1967. Bd 3.

_____. “Über die Unverständlichkeit”. In: Behler, Ernst; Anstett, Jean-Jacques; Eichner, Hans (Hrsg). *Kritische Friedrich-Schlegel-Ausgabe*. Erste Abteilung: Kritische Neuausgabe. München, Paderborn, Wien: Schöningh; Zürich: Thomas, 1967. Bd. 2.

_____. “Über Goethes Meister”. In: Behler, Ernst; Anstett, Jean-Jacques; Eichner, Hans (Hrsg). *Kritische Friedrich-Schlegel-Ausgabe*. Erste Abteilung: Kritische Neuausgabe. München, Paderborn, Wien: Schöningh; Zürich: Thomas, 1967. Bd. 2.

Schleiermacher, Friedrich. *Hermeneutik und Kritik*. 4. Aufl. Frankfurt am Main: Suhrkamp, 1990.

Schmitt, Carl. *Der Hütter der Verfassung*. Weimar, 1931.

_____. *Die Lage der europäischen Rechtswissenschaft*. Tübingen: Internationaler Universitäts-Verlag, 1950.

_____. *Politische Romantik*. München und Leipzig: Dunker & Humblot, 1919.

_____. *Politische Theologie*. 9. Aufl. Berlin: Duncker & Humblot, 2009.

_____. *Uber die drei Arten des rechtswissenschaftlichen Denkens*. Hamburg: Hanseatische Verlaganstalt, 1934.

Scholem, Gershom. *Ursprung und Anfänge der Kabbala*. New York; Berlin: de Gruyter, 1962.

_____. *Von der mystischen Gestalt der Gottheit: Studien zu Grundbegriffen der Kabbala*. Zürich: Rhein Verlag, 1962.

_____. *Zur Kabbala und ihrer Symbolik*. Franfurt am Main: Suhrkamp, 1981.

Schreier, Fritz. *Die Interpretation der Gesetze und Rechtsgeschäfte*. Wien, 1928.

_____. “Freirechtslehre und Weiner Schule”. *Die Justiz*, vol. 4, n. 4, Apr. 1929.

Shakespeare, William. *Julius Caesar*. Icon Classics, 2005.

Sohm, Rudolph. “Von der Deutschen Rechtswissenschaft. Rede gehalten beim Antritt des Rectorats”. *Der Rectorwechsel an der Kaiser Wilhelms Universität Strassburg*. Am I. Mai 1884. Strassburg, Mai 1884.

Solon, Ari Marcelo. *Os caminhos da filosofia e da ciência jurídica: conexão alemã no devir da justiça*. 2013. Tese (titularidade) – Faculdade de Direito, Universidade de São Paulo, 2013.

_____. *Direito e tradição: o legado grego, romano e bíblico*. Rio de Janeiro: Elservier, 2009.

VERNANT, Jean-Pierre. "Hestia-Mermès: sur l'expression religieuse de l'espace et du movement chez les Grecs". *L'Homme*, t. 3, n. 3, p. 12-50, sept.-dec. 1963.

WALTER, Robert (Hrsg). *Hans Kelsen als Verfassungsrichter*. Wien: Manzsche Verlags- und Universitätsbuchhandlung, 2005 (Schriftenreihe des Hans Kelsen-Instituts, Bd. 27).